Thorsten Riewesell

ED!T!ON ENDEAVOUR

geistvoll

Wenn Gottes Liebe Früchte trägt

BORN-VERLAG

Der Autor

Thorsten Riewesell hatte einige Jahre als Projektmanager im Automobilbereich gearbeitet, bevor er auf ein Theologisches Seminar wechselte. Heute lebt er mit seiner Frau Miriam und den Kindern Annika, Joshua und Mika in Kaufungen bei Kassel und arbeitet beim Deutschen EC-Verband als Referent für Teenager- und Jugendarbeit.

Impressum
© 2009 **BORN**-VERLAG, Kassel
Printed in Germany – All rights reserved.

Umschlaggestaltung: Dieter Betz Design-Kommunikation, Friolzheim
Satz: **BORN**-VERLAG / Claudia Siebert, Kassel
Druck und Gesamtherstellung: AALEXX Buchproduktion GmbH, Großburgwedel
Fotos: S.1/85 © Olga Lyubkina - Fotolia.com, S.2 Deutscher EC-Verband, S.4 © soschoenbistdu - Fotolia.com, S.6 © Dirk Houben - Fotolia.com, S.10 © Teamarbeit - Fotolia.com, S.12 © Uros Petrovic - Fotolia.com, S.3/24 © bilderbox - Fotolia.com, S.31 © Fotoskat - Fotolia.com, S.41 © fooddesign - Fotolia.com, S.48 © Eduard Isakov - Fotolia.com, S.55 © Janusz Z. Kobylanski - Fotolia.com, S.60 © Teamarbeit - Fotolia.com, S.72 © Torsten Schon - Fotolia.com, S.77 © GeoM - Fotolia.com

Gedruckt auf FSC-zertifziertes Papier.

ISBN 978-3-87092-466-9
Bestellnr. 182.466

Unser Verlagsprogramm mit Medien für Mitarbeiter im Internet unter **www.bornverlag.de**.

Inhaltsverzeichnis

Vorgeschmack

**„Die Frucht aber des Geistes ist
Liebe, Freude, Friede, Geduld,
Freundlichkeit, Güte, Treue, Sanftmut
und Selbstbeherrschung."**
Galaterbrief, Kapitel 5, Verse 22-23

Du bist ja ganz schön mutig. Du nimmst dir einfach dieses Buch zur Hand und fängst an, darin zu lesen. Mutig! Hast du gar keine Angst, dass es dich verändern könnte? Oder hast du gar die Hoffnung, die Sehnsucht, dass es dich verändern könnte?

Nun, es geht in jedem Fall um Veränderung und es geht um Mut. Mut, deine Art zu leben, zu hinterfragen. Mut, dein geistliches Outfit zu betrachten und *dich* vielleicht neu einzukleiden. Mut, *dich* zu verlassen – denn sich zu verlassen, bedeutet sich tatsächlich zu verlassen, seine angestammte Position zu verlassen, um sich ganz und ganz neu auf Gott und seine Kraft einzulassen.
Bist du dazu bereit? Dann wünsche ich dir, dass du dieses Buch - wie eine leckere Frucht auf deiner Zunge - langsam auf deinem Herzen zergehen lässt und dein geistliches Leben mit vielen wertvollen Vitaminen bereicherst. Guten Appetit!

Stell dir vor, einer steht vor dir und verspeist genüsslich deine Lieblingsfrucht. So lecker, dass dir das Wasser im Mund zusammenläuft. Einfach zum Anbeißen!
Und nun stell dir vor, dein Leben als Christ wäre für andere genau so. Stell dir vor, deine Jugendarbeit oder Gemeinde würde andere so leckerfritzig machen, dass sie nur noch eins wollen: das, was du hast. Diese Liebe, diese Freude, diesen Frieden! Hast du das Bild?
Menschen deiner Stadt erkennen und erleben an dir und euch, wie wunderbar und lecker christliches Leben sein kann. Sie erleben an dir und euch, wie ihr nicht nur

fromm über Liebe quatscht, sondern sie umsetzt; wie ihr nicht nur oberflächlich auf fröhlich geschminkt seid, sondern tiefe Freude in euch tragt; wie ihr nicht nur fromme Lieder singt vom Frieden, sondern Versöhnung in Schule und Familie lebt – stell dir das mal vor!

Ich finde dieses Bild gewaltig und einladend, und dieses Buch zu schreiben, hat mich selbst sehr begeistert und verändert.
Das Buch betrachtet die neun Eigenschaften, die Paulus als Frucht des Heiligen Geistes bezeichnet. Es sind so essentielle Eigenschaften wie Liebe, Freude, Friede, Geduld, Freundlichkeit, Güte, Treue, Sanftmut und Selbstbeherrschung. Wir haben wahrscheinlich zu jedem Begriff unsere eigene Definition. Darum freue dich umso mehr, noch einmal nachzuhören, was hier gemeint ist und wie diese Eigenschaften von Gott her in deinem Leben Raum gewinnen können und wollen.

Jede „Fruchteinheit" ist so aufgebaut, dass du sie für dich persönlich oder in einer Gruppe, z.B. auf einer Freizeit, an mehreren Abenden im Jugendkreis oder auch im Konfirmandenunterricht durchnehmen kannst. Das Buch kann man aber auch sehr gut in einer Zweierschaft oder Mentoringbeziehung lesen und „durcharbeiten".

Die einzelnen Elemente der Einheiten sind:
„Chopsuey" (deutsch: „Gemischtes, klein Geschnittenes): Hier gibt es ein paar Einstiegsideen, z.B. Geschichten oder Spiele.
„ChristCenter": Hier geht es natürlich um das „Eingemachte", also um den biblischen Hintergrund.
„Chatroom": Hier gibt es Fragen, die dich persönlich oder euch als Gruppe ins Nachdenken und Gespräch bringen können.
„Challenge": Die Einheiten schließen mit Herausforderungen, damit das Gehörte auch ein Stück weit im Alltag ausprobiert und eingeübt werden kann.

Wenn du die Einheiten in der Gruppe durchführen möchtest
In den Einheiten steckt eine Menge Stoff, wahrscheinlich mehr, als du in den Gruppengesprächen verarbeiten kannst. Darum: Entweder du nimmst dir mehrere Gruppenzeiten je Frucht oder du nimmst dir aus den Gedanken nur die wesentlichen heraus.

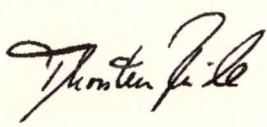

Werke und Früchte

Geist statt Fleisch

Zugegeben: Es ist nicht gerade leicht zu verstehen, was solche Begriffe wie „Fleisch" und „Geist" in der Bibel (z.B. Galater 5,16-26) bedeuten.

Es geht hier weder um ein fettes Steak noch um irgendeinen Flaschengeist. Mit „Fleisch" bezeichnet Paulus, der große Theologe und Briefschreiber der Bibel, das irdisch orientierte, menschliche Leben. Unser Leben auf Erden ist sehr bestimmt von unseren Begierden, Trieben und Schwächen. Es ist ein Leben, das nicht nach Gott fragt, sondern nach schneller Bedürfnisbefriedigung – es ist ein Leben, von dessen negativen Auswirkungen wir täglich in Boulevardblättern lesen, weil Menschen auf Kosten anderer Menschen reden und handeln. Paulus scheut sich nicht zu sagen, was die „Werke des Fleisches" sind: „Unzucht, Unreinheit, Ausschweifung, Götzendienst, Zauberei, Feindschaft, Hader, Eifersucht, Zorn, Zank, Zwietracht, Spaltungen, Neid, Saufen, Fressen und dergleichen" (Galater 5,19-21). Das ist harter Tobak. Eine ganze Latte von Werken, die wir Menschen tun, wenn wir von den Begierden des Fleisches bestimmt werden. Wir tun nicht alles, wir tun es auch nicht immer, aber es sind durchaus Auswirkungen eines Lebens ohne Gottes Geist, ich-orientiert und bedürfnisgesteuert.

Im krassen Gegensatz dazu führt Paulus Eigenschaften auf, die Auswirkungen einer anderen Kraft sind, die in uns und durch uns wirksam werden will: die Kraft Gottes, die Kraft seines Geistes. Hier redet Paulus nicht mehr von Werk, sondern von Frucht. Warum? Weil der Begriff „Frucht" deutlich macht, dass wir Menschen es nicht machen (wie ein Werk), sondern es in uns und durch uns entsteht. Es ist nichts, dessen wir uns rühmen könnten, weil wir es geschaffen und gemacht haben, sondern Gottes Geist lässt es in uns reifen und zur Frucht werden.

Wir haben dabei den wichtigen Job, verbunden mit Jesus zu leben, den Geist Gottes wirken zu lassen und offen für ihn zu sein.

Leitung statt Leistung

In Johannes 15,1-8 beschreibt Jesus selbst, wie es ist, wenn wir mit ihm verbunden leben so wie eine Rebe am Weinstock. Dann nämlich fließt die Kraft Gottes, der Heilige Geist, in unser Leben und bringt Früchte wie Liebe, Freude oder Frieden hervor. Es geht dabei nicht um Leistung, sondern um Leitung. Es geht nicht darum, dass wir etwas leisten müssen, sondern dass die Leitung zu Gott hin, dem Weinstock, frei und offen ist, damit die Kraft des Geistes Gottes in uns wirken kann.

Die entscheidende Verbindung ist also nicht die zwischen mir und Frucht (ich muss Frucht bringen = Leistung), sondern zwischen Weinstock und Rebe (ich muss dran bleiben an Jesus und die Verbindung offen halten = Leitung).

Ich denke an eine Physikprüfung vor einigen Jahren. Es ging darum, eine Schaltung zu bauen, bei der am Ende eine Glühbirne leuchtet. Soweit alles klar, nur klappte es nicht. Bis irgendwann mein Physiklehrer zu mir kam, die Schaltung entlang schaute und etwas mitleidig sagte: „Sie haben wohl noch mit einigen Widerständen zu kämpfen!" Sehr witzig, dachte ich, und dann checkte ich, dass er mir den entscheidenden Tipp gegeben hatte. Ich hatte die Widerstände so eingebaut, dass hinten bei der Glühbirne nicht ein Milliampere ankommen konnte. Die Birne konnte nicht brennen. Kaum hatte ich die Widerstände entfernt, wurde die Birne hell.

So kann es auch im echten Leben laufen. Wir möchten ja vielleicht gern Licht sein im Leben, wir möchten gern einladend leben, aber irgendwie klappt es nicht. Wir haben zwar bei der Quelle, Gott eingestöpselt, aber von der Power kommt herzlich wenig im echten Leben an. Muss ich mich einfach nur mehr anstrengen zu leuchten? Nein. Aber ich muss vielleicht Dinge und Widerstände aus meiner Beziehung zu Gott, aus meiner Verbindung zu ihm wegräumen, die seinem Wirken in mir im Weg stehen.

Wenn die Verbindung zu Jesus verstopft, wenn sich da Dinge ablagern, dann kommt immer weniger von der Kraft Gottes, von seinem Geist in unserem Leben an. Dann schläft unser Glaube ein. Manchmal, wenn ich meine Beine übereinander schlage, kommt es vor, dass mein Bein einschläft, weil die Ader abgedrückt wird und kaum noch Blut fließen kann. Wenn ich dann aufstehe, tut es richtig weh und ich falle fast hin. Das kann auch in meiner Beziehung zu Jesus geschehen. Wenn die Lebensader zu Gott nicht mehr offen ist, sondern verstopft und verengt, dann fließt immer weniger Kraft in mein Leben hinein. Mein Glaube schläft – wie mein Bein – langsam ein, stirbt ab. Und wenn ich dann plötzlich in der Schule nach meinem Glauben gefragt werde und „aufstehen" muss für Jesus, dann knicke ich fast ein, weil mein Glaube nicht mehr lebendig durchblutet ist. Dann kann ich zwar noch etwas auswendig Gelerntes von mir geben, aber es fehlt die Leidenschaft und Kraft Gottes darin.

Geradezu bezeichnend ist auch die Geschichte von dem Schauspieler und dem Pastor. Beide waren auf eine Feier eingeladen und beide wurden gebeten, den Psalm 23 darzubieten. Der Schauspieler begann und erntete tosenden Applaus für seine Vorstellung. Der Pastor erzählte Psalm 23 und alles blieb ruhig. Daraufhin stand der Schauspieler auf und sagte zum Pastor: „Ich kenne den Psalm auch, aber sie kennen den Hirten."

Das ist der Unterschied zwischen Leitung und Leistung. Der Schauspieler hat eine tolle Leistung abgeliefert und den Hirtenpsalm sehr gut dargeboten. Der Pastor aber hat eine Verbindung zu diesem Hirten, kennt diesen Hirten, liebt diesen Hirten. Für ihn ist das nicht nur ein Psalm, sondern Ausdruck gelebter Liebe und Leitung.

Natürlich können wir die Leistung „Christ" abliefern und alles tun und lernen, was man sich so allgemein unter „Christ" vorstellt. Aber wenn es nur eine Leistung ist, die wir abliefern, dann wird man es bald spüren, dass nichts davon wirklich in uns lebt und unser Leben selbst auch nicht verändert hat.

Gott sehnt sich danach, dass wir Persönlichkeiten werden, denen man abspürt, dass sie Jesus nicht nur kennen, sondern mit ihm verbunden sind und ihn auf Erden verkörpern. Der Begriff „Persönlichkeit" kommt von „per sonare" (durch klingen) und macht deutlich: Es soll etwas durchklingen, spürbar werden nach außen von dem, was bzw. wer in uns lebt.

Frucht statt Furcht

Diese Kraft, die uns Gott sandte, heißt „Geist Gottes" oder „Heiliger Geist". Es ist die Kraft Gottes, die in uns leben möchte, um unser ganzes Leben zu erfüllen und unseren Charakter zu verändern. Was wir tun müssen, ist ihm Platz machen, ihm Raum geben: Altlasten und Giftmüll an Jesus geben zur Ent-Sorgung. Schuld bekennen und auch an Jesus abgeben. Luft der Vergebung und Licht der Freiheit in unser Leben einziehen lassen. Je mehr Raum wir Gottes Wirken in uns geben, desto mehr werden wir ihn erleben und Früchte an uns erkennen können. Das ist die Diät, die schon Johannes der Täufer vorschlug: „Er (Jesus) muss wachsen, ich aber muss abnehmen" (Johaness 3,30).

Dort, wo Gottes Kraft immer mehr an Raum in uns gewinnt, spüren wir und andere an uns die Auswirkungen, spüren wir die Frucht des Geistes. Es ist „kein Geist der Furcht, sondern der Kraft und der Liebe und der Besonnenheit" (2. Thessalonicher 1,7). Als Petrus vom Heiligen Geist erfüllt wird und auf den Straßen von Jerusalem vor Tausenden von Menschen spricht, bekommt er einen „Frei-Mut", eine Kraft, die die Furcht überwindet. Natürlich, wir Menschen haben Angst in dieser Welt. Angst und Respekt vor Menschen und Aufgaben ist auch nichts Schlechtes, kann sogar ein wichtiger Schutz sein. Hier aber geht es um eine Kraft, die uns erfüllt und – trotz aller Angst – Dinge tun und sagen lässt, die wir uns nach menschlichem Ermessen nie getraut hätten. Jesus sagt: „In der Welt habt ihr Angst (das ist so), aber seid getrost, ich habe diese Welt überwunden" (Johannes 16,33)!

Warum brauchen wir diesen Geist Gottes?

Spiritus

Ich denke an einen Grillabend zurück, an dem ein Freund dankbarerweise das Grillen übernahm. Da er auch Theologe war, fragte er mich nach dem Heiligen Geist zum Grillen. Nun, mir war nicht bekannt, dass man den Heiligen Geist zum Grillen braucht, und ich schaute wohl entsprechend ratlos. „Na ja", sagte er, „den Spiritus!" Ach so. Klar. Spiritus heißt ja Geist und „Spiritus Sancti" Heiliger Geist. Er bekam den Spiritus und wir gute Steaks. Was mir aber hängenblieb war das: Ohne den Spiritus, ohne den Geist, sind wir wie schwarze, trockene Grillkohle. Schwarz und leer – und denken oft auch nur an „Kohle". Wir brauchen den Spiritus, wir brauchen die Kraft des Heiligen Geistes, wir müssen darin „baden", damit durchtränkt werden, um wieder neu empfänglich zu werden für das leidenschaftliche Feuer Gottes. Gott möchte uns mit seiner Liebe neu anstecken und erfüllen.

Gebet

Herr, ich möchte mich ganz neu von der Kraft des Heiligen Geistes erfüllen lassen. Ich möchte empfänglich werden für den Reichtum deiner Gaben und Licht sein in dieser Welt. Hilf mir, ganz in der Verbindung zu Jesus zu leben!
Amen.

Wie ist dein Fruchtgehalt?

Im Galaterbrief beschreibt Paulus „Früchte", die aus der lebendigen Beziehung zu ihm und dem Wirken des Heiligen Geistes erwachsen. Es sind quasi Charaktereigenschaften, die du selbst und auch andere an dir erleben und „genießen" dürfen, wenn du mit Gott verbunden bist.

Diese Früchte, die Paulus nennt, sind: Liebe, Freude, Frieden, Geduld, Freundlichkeit, Güte, Treue, Sanftmut, Selbstbeherrschung (Galater 5,22). Alles wertvolle Eigenschaften, die uns mehr oder auch weniger wichtig vorkommen.

Bevor wir die einzelnen Früchte „pflücken", bitte ich dich, den folgenden Fruchtcheck durchzuführen. Natürlich weißt du noch nicht so genau, was sich konkret hinter den Worten verbirgt, aber du hast sicher eine Ahnung, was es bedeuten könnte. Bitte beschreib kurz mit deinen Worten, was diese Eigenschaften bedeuten könnten. Du kannst auch gern ein praktisches Beispiel einfügen. Nach dieser Beschreibung bitte ich dich, deinen jetzigen Fruchtgehalt zu prüfen, d.h. zum Beispiel was du deiner Meinung nach in Sachen „Frieden" oder „Freude" an Gehalt in deinem Leben hast, wie sehr es in dir lebt und auch von anderen wahrgenommen wird. Hier kannst du von 1-10 bewerten und vielleicht auch schon überlegen, warum der Gehalt so ist und was du gern daran ändern würdest.

Bitte führe nach den Einheiten den Check noch einmal durch und überprüfe, ob sich etwas an deinen Definitionen bzw. an deiner Einschätzung verändert hat. Wenn möglich, bitte auch jemand anderen, dich einzuschätzen, und redet anschließend darüber.

Fruchtcheck I

	Beschreibung der Frucht: (Was verstehst du zurzeit unter dem Begriff?)	Dein aktueller „Fruchtgehalt" (1-10) und was du gern ändern möchtest:
Liebe		
Freude		
Frieden		
Geduld		
Freundlichkeit		
Güte		
Treue		
Sanftmut		
Selbstbeherrschung		

Das fällt mir spontan an dem Fruchtcheck auf:

Das würde ich gern verändern:

Diese konkrete Situation möchte ich umgehend so verändern:

Jetzt beginnt
dein persönlicher

Fruchtsalat

Liebe

Am Morgen sprach der Mann: „Ich liebe dich. Du bist wunderschön. Gott hatte einen richtig guten Tag, als er dich erschuf. Ich würde alles für dich tun und wünsche dir nur das Beste. Du bist mein Stern, meine Freude, mein Herz – du bist alles für mich." Zufrieden schickte der Mann einen letzten Gruß ans Spiegelbild und verließ das Badezimmer.

Zur Wortbedeutung

Während unsere deutsche Sprache alles mit „Liebe" bezeichnet, was auch nur annähernd so aussieht, kennt die Sprache der Bibel unterschiedliche Begriffe. Das hier in Galater 5,22 gebrauchte Wort „agape" bezeichnet die Liebe Gottes bzw. die gottgewirkte Liebe.

Chopsuey

Spiel: Herz-Luftballons transportieren

Mehrere Gruppen müssen Herz-Luftballons in verschiedenen Farben durch einen Parcours nur durch Schlagen mit Händen oder Füßen bewegen. Die schnellste Gruppe hat gewonnen. Danach kommt man über die grobe Behandlung der „Herzen" ins Gespräch:

Erste Gedanken anhand des Herz-Luftballons

Wie ging/geht man mit deinem Herzen um? Getreten, geboxt, verletzt, zerrissen, gebrochen, verwundet – Luft raus?

Wie gehst du mit dem Herzen anderer um?

Wie geht Gott mit deinem Herzen um?

Lied: „I say L"

Ein genialer Song zum Reinkommen und Eisbrechen.

Die Buchstaben werden im ersten Durchgang mit einer Hand geformt, einzeln bei den Buchstaben und schnell hintereinander beim ganzen Wort „LOVE". Anschließend wird der ganze Körper benutzt, um die Buchstaben nachzubilden.

(Rechte und Verfasser unbekannt)

Liebesäpfel machen

Für die Liebesäpfel am besten säuerliche Äpfel wie Braeburn oder Boskop verwenden. Äpfel waschen, gut abtrocknen, Stiele herausdrehen und in das Loch je ein dickes Holzstäbchen stecken (z.B. Rundholz aus dem Baumarkt zuschneiden oder Holzstäbchen zum Stützen von Blumen). Ein Brett oder Tablett mit Zucker oder bunten Streuseln bestreuen, um die Liebesäpfel später darauf trocknen zu lassen. 550 g Zucker mit Wasser, Speisefarbe und Zitronensaft in einen Topf geben. Unter Rühren aufkochen lassen und so lange weiterrühren, bis sich der Zucker vollständig gelöst hat und die Masse anfängt zu karamellisieren. Das kann einen Moment dauern, also nicht zu früh aufhören. Wenn die Zuckerlösung klar wird, den Topf vom Herd nehmen. Die Liebesäpfel darin eintauchen und drehen, bis sie vollständig mit dem Sirup überzogen sind. Über Kopf auf das Brett mit dem Zucker stellen und auskühlen lassen.

ChristCenter

Du findest im ChristCenter sehr viele Bilder, Texte und Vergleiche, die du unmöglich alle in einer Einheit verdeutlichen kannst. Darum lies dir bitte die Texte gut durch und wähle dann die Abschnitte aus, die für dich / für euch dran sind. Vielleicht macht es auch Sinn, insbesondere das Thema „Liebe" auf zwei Einheiten aufzuteilen. Bitte bedenke auch, dass manche Vergleiche ein wenig Vorbereitung brauchen.

Gott liebt dich!

Wollte man die gesamte Botschaft der Bibel auf ein Wort reduzieren, so wäre es sicherlich das Wort „Liebe". Du bist geliebt von Mutterleibe an. Gott hat dich gewollt und geschaffen. Er hat dich vor Augen und möchte dir nahe sein mit seiner Liebe. Psalm 139 macht diese Liebe und Nähe sehr deutlich.

„geliebt"

Nimm eine Schaufensterpuppe oder wenn nicht vorhanden ein T-Shirt, das über einem Stuhl oder Bügel hängt. (Vorsicht: T-Shirt nicht am Körper tragen, denn der Heißluftfön wird sehr heiß!) Auf dieses T-Shirt hast du zuvor mit normaler Milch das Wort „geliebt" geschrieben. Mittlerweile ist es eingetrocknet, aber du weißt noch gut, wo es steht. Während du davon erzählst, dass Gott uns Menschen aus Liebe geschaffen hat und diese Liebe von Anbeginn in uns und bei uns ist, nimmst du einen Heißluftfön und schaltest ihn ein. Du kannst aber auch eine Person nach vorn bitten, um während deiner Rede Folgendes zu tun: Der Heißluftfön wird auf das T-Shirt gehalten und erwärmt die Stelle, an der das Wort „geliebt" mit Milch geschrieben wurde. Durch die Hitze färbt sich die getrocknete Milchschrift und wird auf dem weißen T-Shirt in einem braunen Ton sehr gut sichtbar. (Ich habe das schon mehrfach ausprobiert – es ist sehr eindrücklich im wahrsten Sinne des Wortes.) Gott hat mit unsichtbarer Tinte in unser Leben dieses Wort geschrieben und wir dürfen es wissen und annehmen: Du bist geliebt! Ganz egal, was andere Leute sagen. Vielleicht warst du nicht mehr gewollt und geplant von deinen Eltern, vielleicht kennst du keinen Menschen, der dir jemals gesagt hat, dass du ein geliebter Mensch bist: Gott hat es in dein Leben gesprochen und sehnt sich danach, dass du es entdeckst, annimmst und entfaltest.

Weißt du eigentlich, wie lieb ich dich habe?
Früher habe ich oft dieses geniale Buch mit meiner Tochter Annika gelesen. Es erzählt die Geschichte von Hasenkind und Hasenmama, die beide wettstreiten, wer wen nun lieber hat. „Ich habe dich lieb, von hier bis zu den Bäumen." Immer höher und weiter gehen ihre Vergleiche und schließlich einigen sie sich darauf, dass sie sich beide lieb haben „von hier bis zum Mond und zurück"! Eine tolle Geschichte, die mich berührt, aber letztlich nur eine Geschichte. Wisst ihr, was wirklich umwerfend ist? Wenn Annika auf mich zuläuft, mich umarmt und sagt: „Papa, weißt du wie lieb ich dich habe? Von hier bis zum Mond und zurück!" Das ist plötzlich keine reine Buchweisheit mehr, sondern gelebtes Leben, echt!

In der Bibel steht oft, wie sehr Gott die Menschen liebt, und vielleicht kannst du es schon nicht mehr hören, dass Jesus dich liebt. Du kannst es nicht mehr hören, weil du es nicht erlebst, sondern nur als fromme, leere Floskel siehst. Ich kann dich verstehen. Das kann richtig nerven. Aber stell dir vor, du könntest Jesus erleben, wie er auf dich zukommt, dich in den Arm nimmt und dir sagt: „Weißt du eigentlich, wie sehr ich dich liebe? Vom Himmel bis zum Kreuz und zurück!" Gott ist 100% für dich, und diese Liebe solltest du nicht in den Wind schlagen.

Leiter
(Zur Verdeutlichung kannst du eine Leiter nehmen.) Ich weiß wohl: Viele denken, Gott würde nur oben im „Olymp" der Wolken sitzen, Frischkäse essen, Harfe spielen und sich einen kalten Waschlappen um die Menschen kümmern. Ich kenne diese Fratzen von Gott, die uns die Welt zeichnet und die so meilenweit an dem Gott vorbeilaufen, der voller Leidenschaft und Hingabe für uns da ist.

Gott kam in Jesus auf diese Erde. Er ging auch nicht nur den halben Weg, so nach dem Motto: „Hier bis zu dieser Stufe gehe ich, zu den frommen und getauften netten Christen gehe ich, aber nicht weiter. Ganz sicher nicht in den Schlamm und Morast der Welt." Jesus ging den ganzen Weg hinunter. Er berührte nicht nur die

Welt, sondern auch das Leben der Menschen und Menschheit. Touchdown! Dieser Einschnitt war so gewaltig und umwerfend, dass man bis heute die Zeit in ein vor und nach Christi Geburt einteilt. So gewaltig und umwerfend ist es auch, wenn Jesus unser Leben und Herz berührt beim Touchdown in unserem Leben.

In Christus zeigt Gott sein Gesicht. Der wohl bekannteste Vers der Bibel ist ein einziger Ausdruck der gewaltigen Liebe Gottes: „So sehr hat Gott die Welt geliebt, dass er seinen einzigen Sohn gab, damit alle, die an ihn glauben, nicht verloren werden, sondern das ewige Leben haben" (Johannes 3,16). Hast du das schon ganz in dich aufgesogen? Ist dein Herz davon erfüllt und bestimmt?

Gewissheit der Liebe

Mehr noch. Es ist eine tiefe Gewissheit der Gotteskinder, dass sie nichts und niemand von dieser gewaltigen Liebe trennen kann. Paulus schreibt im Römerbrief: „Denn ich bin gewiss, dass weder Tod noch Leben, weder Engel noch Mächte noch Gewalten, weder Gegenwärtiges noch Zukünftiges, weder Hohes noch Tiefes noch eine andere Kreatur uns scheiden kann von der Liebe Gottes, die in Christus Jesus ist, unserem Herrn" (Römer 8,38-39).

In dieser Gewissheit der Liebe zu leben, macht gottbewusst und stark, gibt einem innere Freude und Gelassenheit. Erfahrene Liebe bringt wiederum Liebe hervor. Was auch in der Schule, im Alltag passiert, du darfst wissen, dass dich nichts von der gewaltigen Liebe Gottes trennen kann.

Blume

Ich muss auch nicht immer wieder eine Blume zur Hand nehmen und Blatt für Blatt ausrupfen nach dem Motto „Gott liebt mich, Gott liebt mich nicht, Gott liebt mich ..." Lass die Blumen leben und freue dich lieber an deinem Vater, der dich in allem und trotz allem liebt.

Kastanie

Sarah hatte in ihrem Leben nie die Liebe erlebt, die ihr als Kind und Mensch zusteht. Im Gegenteil. Verletzende Worte ihrer Eltern und Mitschüler hatten sie hart gemacht und stachelig. Sie war wie ein Igel, der sich sofort zusammenzog und seine Stacheln zeigte, aus Angst verletzt zu werden.

Es war die Liebe Gottes, Worte tiefster Annahme und das Begreifen dieser starken Geborgenheit, die es schafften, Sarahs Panzer aufzubrechen. So durften wir mehr und mehr von der Sarah erleben, wie Gott sie sich erträumt hatte. Wie eine wunderschöne glänzende Kastanie unter stacheliger Haut – so wunderbar hat sie sich selbst und haben wir sie erleben dürfen.

Verführung/Entführung

Warum fällt es den Menschen so schwer, die Liebe Gottes anzunehmen? Was spricht dagegen, sich lieben zu lassen?

Ich war in England, als ich diese verrückte Geschichte hörte: Ein kleiner Junge war entführt worden und seine Eltern bekamen einen Brief mit einer hohen Lösegeldforderung. Die Eltern versuchten alles und schafften es schließlich, das Geld zusammen zu bekommen. Doch als sie das Geld übergaben, kam ihr Sohn dennoch nicht zurück. Warum nicht? War er tot? Nein. Aber in der Zeit der Entführung hatten ihm die Entführer immer wieder eingetrichtert: „Deine Eltern lieben dich gar nicht. Sie sind froh, dass du weg bist. Die bezahlen sicher nie für dich. Warum auch. Schau dich doch mal an! Sie sind froh, endlich ihre Ruhe zu haben, du hast immer nur gestört!" Diese Worte trafen so stark, dass der Sohn tatsächlich nicht zum vereinbarten Übergabeort ging, sondern weglief. Erst viele Jahre später kam er zu seinen überglücklichen Eltern zurück, die die Hoffnung nie aufgegeben hatten.

Die Bibel beschreibt auf ihren ersten Seiten, wie der Mensch verführt und entführt wurde in eine tiefe Gottesferne hinein. Eine Gottesferne, die wohl fast alle Menschen kennen. Ein Leben nur noch in der Ahnung eines Vaterhauses, einer Heimat – eine Ahnung, dass das Leben nicht alles sein kann, dass es noch mehr geben muss. Jesus, der Sohn Gottes, kam auf diese Welt, um mit seinem Leben das Lösegeld zu bezahlen (Markus 10,45) und alle freizukaufen, die zur Übergabe kommen, die ihr Leben Jesus übergeben. Warum aber kommen nur so wenige? Weil auch hier der Entführer, der Diabolos, uns Menschen eingetrichtert hat: „Gott liebt dich nicht. Er will dich nicht, interessiert sich nicht für dich. Du meinst doch nicht wirklich, dass Gott seinen Sohn geben würde, um dich zu retten? Sei doch nicht dumm! Schau dich doch an! Was ist an dir wichtig oder wertvoll? Vergiss es: Gott ist nicht an dir interessiert!" Diabolos heißt übersetzt „Durcheinanderwerfer". Du kennst vielleicht diesen Jonglageartikel mit den zwei Stäben und der Rolle, die zwischen den Stäben auf der Leine tanzt oder durch die Luft geschleudert wird. So wie die Rolle wirft der Diabolos auch unser Vertrauen zu Gott durcheinander und schürt das Misstrauen gegenüber Gott.

Das Lösegeld ist zwar in Jesus bezahlt, der Weg nach Hause ist möglich, aber in uns ist ein tiefes Misstrauen gegenüber Gott, er könnte es nicht gut mit uns meinen. Gott aber wartet im Vaterhaus auf uns und sehnt sich danach, dass du nach Hause kommst und seine umarmende Liebe erfährst (Lukas 15,20-24).

Gott liebt dich ... zur Liebe

Die Liebe Gottes wirkt in uns selbst eine tiefe Liebe. Eine Liebe zu Gott, eine Liebe zu anderen, eine Liebe zu uns selbst.

Ich denke an die Frau, die zu Jesus kommt und seine Füße küsst und mit Öl salbt (Lukas 7,36-50). Jesus sagt dort etwas sehr Wichtiges: „Wem aber wenig vergeben wird, der liebt wenig!" Die Liebestat der Frau war ein einziges Danke für die Vergebung und Befreiung, die sie erfahren hatte. Dort, wo wir die Vergebung als befreiende Kraft erleben, entsteht Liebe zum Befreier. Der Geist Gottes ist dafür da, uns immer wieder neu daran zu erinnern, dass wir mit unserer Schuld zu Jesus kommen dürfen, um Befreiung zu erleben. Eine Befreiung, die Raum schafft zu einem dankbaren, veränderten Lebensstil.

So wird die Liebe gegenüber Gott und dem Mitmenschen zum höchsten Gebot überhaupt (Matthäus 22,37-39). Warum? Aus moralischer Pflicht? Nein. Weil wir zuerst geliebt wurden, weil Gott alles aus Liebe für uns gab und tat und weil die Welt und wir selbst nichts sind und jemals erreichen werden ohne die Liebe (1. Korinther 13). Die Liebe ist alles und ohne die Liebe sind wir nichts. An dieser Liebe soll und kann man die Leute erkennen, die mit Jesus unterwegs sind, weil ihnen ganz nah ist, was Jesus getan hat und tut (Johannes 13,34-35)

So wie Paulus es gegenüber Timotheus in 1. Timotheus 1,5 ausdrückt: „Die Hauptsumme aller Unterweisung ist Liebe aus reinem Herzen und aus gutem Gewissen und aus ungefärbtem Glauben."
Die Hauptsumme aller Unterweisung – das heißt, wenn man die gesamte christliche Lehre zusammennimmt, wenn man das Extrakt aus der Bibel oder die Wurzel aus dem Evangelium Christi zieht, dann bleibt eines übrig: die Liebe. Das ist die Mathematik des Glaubens – eine Mathematik, die der versteht und begreift, der mit diesem Gott unterwegs ist und der ganz bewusst mit Gott rechnet.
Rechnest du mit Gott, weil er für dich keine unbekannte Variable mehr ist, sondern eine Konstante, ein Fundament, auf das Verlass ist? Rechnest du mit Gott, weil du über allen Minus- und Pluszeichen unserer Zeit seine liebende und führende Hand erfahren hast? Die Hauptsumme aller christlichen Lehre ist die Liebe. Darum geht es, das ist die Quintessenz aller Botschaft: die Liebe.
Aber - und dieses Aber ist ganz wichtig: Paulus verkauft hier keinen einfachen Schlager, der einfach nur die Liebe besingt, ohne wirklich zu wissen, was Liebe ist. Paulus meint nicht irgendeine dahergelaufene Liebe, die den Titel nicht verdient – Paulus meint eine Liebe, die drei ganz wichtige Quellen hat:

Quelle 1: Liebe aus reinem Herzen

Was meint das? Kommt die Liebe nicht irgendwie immer aus dem Herzen? Das schon, aber hier geht es um die Ausrichtung und den Zustand dieses Herzens. Ist es rein? Ist es be-kehrt? D.h. bist du schon einmal mit Jesus durch deine Herzkammern gegangen und hast mit ihm gemeinsam aussortiert, was nicht in dieses Herz gehört? Kehren wir aus, was unser Herz in falsche Richtungen lenkt, damit der einkehrt, Jesus, der es neu macht und offen macht für Gottes Reden?

Jesus sagt in der Bergpredigt: Menschen, die so ein reines Herz haben, sind glückliche Menschen, denn sie werden Gott schauen – sie erkennen, was falsch ist in ihrem Leben, sie erkennen, was eine falsche Macht ausübt und ihr Leben zerstören will, und sie schauen und erkennen wieder die Hauptsache des Lebens: Gott. Ja, der ist glücklich zu schätzen, der die Quelle des Herzen nicht mit falschen Einflüssen verunreinigt: Flüsse, die von außen in die Quelle strömen und unser Herz, unsere Seele vergiften können.

Hier wird deutlich: Paulus geht es nicht um eine Larifari-Liebe, sondern eine Liebe, die echt ist. Jesus sagt: Glücklich sind die Menschen, die reinen Herzens sind, denn ihr Blick ist nicht mehr vom Unwichtigen abgelenkt, sondern entdeckt das Eigentliche: Es entdeckt Gott und den Mitmenschen.

Antoine de Saint-Exupéry lässt im „Kleinen Prinzen" verlauten: Der Mensch sieht nur mit dem Herzen gut. Die Bibel fügt hinzu: Der Mensch sieht nur mit einem von Gott veränderten Herzen gut, denn erst dann sieht er nicht mehr nur auf sich und seinen scheinbaren Vorteil, nur dann dreht er sich nicht mehr um sich selbst, sondern sein Blick wird befreit für das Eigentliche: für Gott und für den anderen.

Ein reines Herz kann ich nicht machen, aber ich kann es machen lassen, indem ich Gott bitte, wie es einmal der König David im Psalm 51 betete: „Schaffe, Gott, in mir ein reines Herz!"

Ein chinesisches Sprichwort sagt: Der Mensch bringt täglich seine Haare in Ordnung, warum nur so selten sein Herz?

Quelle 2: Liebe, die aus gutem Gewissen kommt

Erstaunlicherweise spricht Paulus hier nicht nur das Herz an, sondern auch das Gewissen. Warum? Und was ist das überhaupt - Gewissen?

Man kann ein gutes oder ein schlechtes haben, aber erstaunlicherweise haben Menschen bei der gleichen Tat mal ein gutes, mal ein schlechtes Gewissen. Einer hat bei 55 km/h in der Stadt schon ein schlechtes Gewissen, während sich das Gewissen eines anderen erst bei 80 meldet – wenn überhaupt. Man kann etwas oder sogar jemandem auf dem Gewissen haben oder jemandem ins Gewissen reden. Nach Meyers Lexikon ist das Gewissen die Urteilsbasis zur Begründung der allgemeinen persönlichen moralischen Überzeugungen und Normen, insbesondere für die eigenen (vom Normenkanon der jeweiligen Kultur und Gesellschaft geprägten) Handlungen und Urteile. Ganz einfach also. Die Bibel bezeichnet das Gewissen als Bewusstsein von Schuld und Unschuld gegenüber Gott und Mensch. Nicht nur ein Gefühl, sondern ein Wissen um Schuld. Aber selbst wenn es den wirklich gewissenlosen Menschen nicht gibt, so ist doch das Gewissen des Menschen, so wie seine Maßstäbe, sehr flexibel und variabel.

Wenn Paulus hier von einem guten Gewissen redet, dann hat er nicht die Maßstäbe einer Gesellschaft, sondern die Maßstäbe Gottes vor Augen. Diese sind nicht variabel, nicht flexibel, nicht beliebig biegsam. Vielleicht schlägt unser gesellschaftliches Gewissen nicht mehr bei gedanklichen oder tatsächlichen Seitensprüngen an, weil wir es längst als möglich akzeptiert haben. Ein Gewissen aber, das Gottes Maßstäbe kennt, wird sich davon nicht beirren lassen.
Unsere Liebe zu Gott, aber auch unsere Liebe zueinander braucht verlässliche Maßstäbe, braucht ein gutes, solides Fundament. Darum benennt Paulus nicht nur das Herz als Quelle der Liebe, sondern auch das Gewissen, denn eure Liebe will nicht nur heute blühen, sondern auch noch viele Jahre wachsen und gedeihen.

Quelle 3: Unverfälschter, unverwaschener Glaube
Ich habe noch gut die Erfahrung meines langjährigen männlichen Single-Haushaltes vor Augen. Dabei denke ich nicht nur an meine zweifelhaften Kochkünste, sondern auch an die ersten Waschversuche. Ich denke z.B. an meine weiße Wäsche, die plötzlich rosa wurde, nur weil sich so eine rote Socke in die Waschtrommel verirrt hatte.
Wenn Paulus hier von unverfälschtem, ungefärbtem Glauben und Vertrauen redet, dann meint er genau das. Wie schnell verirren sich falsche Dinge in unseren Beziehungen und verfälschen und verfärben unser Miteinander. Und ein Missverständnis, das nicht gleich ausgeräumt wird, wird schnell zum Misstrauen und führt zum Zweifel, ob man dem anderen wirklich ganz vertrauen kann.

Abenteuer „Liebe"
Ich möchte dich einladen zum Abenteuer „Liebe". Wenn dich der Heilige Geist erfüllt, dann wird dir nicht nur ganz neu die gewaltige Liebe deines Vaters, Gott selbst, bewusst, sondern in dir wird eine starke Liebe für diese verletzte Welt und ihre Menschen wach.

Eine Liebe, die uns in die Tat führt, die gar nicht anders kann, als zur Tat zu werden. Diese Liebe führt uns in spannende Abenteuer und kleine Rettergeschichten, weil wir plötzlich unsere Zeit, unser Geld und unsere Möglichkeiten in die Hand nehmen, um anderen in der Liebe Gottes zu dienen.

Die Kälte muss weichen
(Du hast zuvor ein rotes Papierherz in eine Schale mit Wasser gelegt und diese ins Gefrierfach gestellt. Nun holst du die Schale mit gefrorenem Wasser heraus.) So wie der Winter in Narnia weichen musste, so soll auch die Kälte aus dem Leben von Menschen weichen. Es ist Zeit für den Frühling, es ist Zeit für die Schmelze – für Herzen, die befreit werden von dem dicken Eispanzer, der sie gefangen hält. Bist du dabei, das Abenteuer der Liebe Gottes zu leben?

Hast du mich lieb?
Am Ende steht diese eine Frage Jesu (Johannes 21), dreimal an Petrus gestellt. Dreimal hatte Petrus Jesus verleugnet, dreimal die Frage nach der Liebe. Es geht um diese Frage der Liebe. Während Jesus zweimal nach der „agape", also dieser göttlichen Liebe fragt, kann Petrus nur antworten mit „phileo" (die Liebe eines Freundes). In der letzten Frage geht Jesus auf Petrus ein und fragt: „Hast du mich lieb (phileo)?" Einige Zeit zuvor hätte der übermütige Petrus noch lauthals verkündigt: „Klar, Jesus, ich habe dich immer und überall mit dieser göttlichen Liebe (agape) lieb! Ich bin bereit, mit dir ins Gefängnis zu gehen oder sogar zu sterben." Nun aber, ein paar Tage und ein paar Fragen einer einfachen Magd weiter, hat Petrus gelernt, dass er aus sich heraus diese göttliche Liebe nicht hat.

Dieses Eingeständnis ist entscheidend, besonders für den kommenden Leiter „Petrus". Er kann nicht alles, er ist nicht der geistliche Überflieger. Er braucht den Geist Gottes.

Das ist sehr wichtig für uns. Überschätze nicht deine eigene Liebe, sie ist manchmal anfälliger, als einem lieb ist. Die Liebe aber, die der Geist Gottes in uns wirkt, führt uns weiter und tiefer, als es die eigene Liebe je könnte.

Chatroom
Denk bitte daran: Liebe ist keine Leistung, die wir bringen müssen oder können. Unter „Liebe machen" verstehen wir in Deutschland sowieso nur „Sex". So verdreht denken wir. Es geht um eine Liebe, die, wie Xavier Naidoo singt, nicht von dieser Welt ist. Eine Liebe, die nicht machbar ist, die wir aber in uns zum Zug kommen lassen können, wenn wir dem Geist Gottes dafür Raum und Gelegenheit geben.

Ist die Frucht „Liebe" an dir persönlich und an euch in der Jugendarbeit und Gemeinde erfahrbar – „genießbar"?

Gibt es konkrete Menschen oder Situationen in deiner Schule, Familie, in deinem Umfeld, bei denen dir jegliche Liebe unglaublich schwerfällt? Warum?

Wie kannst du dich / könnt ihr euch neu „inspirieren" lassen, Gott und die Menschen zu lieben?

Für dich persönlich:
1. Korinther 13,4-7: „Die Liebe ist langmütig und freundlich, die Liebe eifert nicht, die Liebe treibt nicht Mutwillen, sie bläht sich nicht auf, sie verhält sich nicht ungehörig, sie sucht nicht das Ihre, sie lässt sich nicht erbittern, sie rechnet das Böse nicht zu, sie freut sich nicht über die Ungerechtigkeit, sie freut sich aber an der Wahrheit; sie erträgt alles, sie glaubt alles, sie hofft alles, sie duldet alles."

Setze an den Stellen, wo von der Liebe die Rede ist, deinen Namen ein:

„_____ ist langmütig und freundlich, _____ eifert nicht,

_____ treibt nicht Mutwillen, _____ bläht sich nicht auf,

_____ verhält sich nicht ungehörig,

_____ sucht nicht das Ihre/Seine, _____ lässt sich nicht erbittern,

_____ rechnet das Böse nicht zu, _____ freut sich nicht über die

Ungerechtigkeit, _____ freut sich aber an der Wahrheit;

_____ erträgt alles, _____ glaubt alles, _____hofft alles,

_____ duldet alles."

Challenge

In der Kleingruppe

Schreibt auf kleine Zettel „liebe Worte" füreinander und reicht sie weiter, bis ihr euer Blatt wieder bei euch habt.

Feiert zusammen ein Agapemahl

Das Agapemahl ist ein richtiges, gemeinsam gefeiertes Essen und unterscheidet sich von der sakramentalen Feier des Abendmahls. Es erinnert nicht nur an Gottes Liebe zu uns, sondern auch daran, sich untereinander in der Liebe Gottes zu begegnen und in dieser Liebe auch die Armen einzuladen. Heute feiert man es oft als festliche, mit Gebeten und Liedern umrahmte Mahlzeit unter Christen.

Agapemahl-Spezial

Eine echte Herausforderung und zugleich eine ungemein wertvolle Erfahrung. Feiert die Liebe Gottes doch mal als Straßenbarbecue. Baut auf der Straße vor eurem Gemeindehaus ein paar Grills auf und feiert ein großes Barbecue. Vielleicht gibt es noch ein paar freundliche „Salatemacher". Dann geht durch die Häuser eurer Nachbarschaft, geht an die Hecken und Zäune und ladet fröhlich zum Barbecue ein. Eine geniale Gelegenheit, einfach einmal anderen die Liebe Gottes ganz nahzubringen, schließlich geht Liebe tatsächlich auch durch den Magen. Vielleicht schafft ihr es ja auch, eine Metzgerei von eurem Plan zu überzeugen, und sie gibt euch Fleisch satt zu einem guten Preis. Bitte überlegt auch, welche diakonische Tat die Liebe Gottes in eure Schule und Nachbarschaft tragen könnte.

Zum Mitnehmen: Passionsfrucht

Christliche Einwanderer erkannten in den Blüten Symbole der Passion Christi: Die zehn Blütenblätter stehen für die zehn Jünger ohne Judas und Petrus, die Nebenkrone (violett-weiß) für die Dornenkrone Jesu, die fünf Staubblätter symbolisieren die Wunden Jesu und die drei Griffel (rotbräunlich) stehen für die Nägel. Der lateinische Name lautet „Passiflora incarnata". Passion steht für „Leiden, Leidenschaft"; incarnata für „Flcisch geworden" (wie Jesus).

So kann die Passionsfrucht für die Teilnehmer ein Symbol der Liebe und Leidenschaft Jesu werden, die bis ans Kreuz, bis in den Tod ging.

Freude

Heute steht sie vor dem Spiegel und verspricht sich: „Dieser Tag soll Spaß machen, ich will heute Freude haben." Darum greift sie zielsicher „Joy", ihr Parfum, das ihr die Freude auf die Haut sprüht. Doch zur tiefsten Unfreude stellt fest: „Joy" verduftet und geht nicht unter die Haut.

Wortbedeutung

Die griechischen Worte chara (Freude) und charis (Gnade) sind verwandt. Freude und Gnade haben dieselbe Wortwurzel und gehören eng zusammen. Echte Freude entsteht aus Gnade. Oder wie es Dietrich Bonhoeffer sagte: „Der Ursprung aller wahren Freude ist Gottes Freude an uns." Es geht um eine innere Freude, die nach außen spürbar wird; es ist eine tiefe Gewissheit der Nähe Gottes, Gelassenheit und Stärke.

Chopsuey

Spiel: Bechern

Ein Spiel, das einfach Spaß macht und das Eis bricht. Vier bis acht Leute sitzen rund um einen Tisch. Jeder hat einen Plastikbecher vor sich. Im gleichen Rhythmus wird jetzt Folgendes von jedem gemacht: 2x mit den Händen klatschen, 3x mit der Hand auf den Tisch klopfen, 1x mit den Händen klatschen, umgedrehten Becher von rechts holen und hart aufsetzen, 1x klatschen, mit linker Hand umgedreht greifen, gegen die rechte Hand schlagen, mit der Kante aufsetzen, in die rechte Hand übergeben, linke Hand flach auf den Tisch, mit rechter Hand den Becher links neben linker Hand aufschlagen.

Wenn es gelingt – sogar an mehreren Tischen gleichzeitig – macht es tierisch Spaß und hört sich richtig gut an. Versucht mal, noch andere Rhythmen einzustudieren.

Lied

„Etwas in mir" von Albert Frey (Feiert Jesus 2, Nr. 71)

Klatsch-Spiel

Der Spielleiter steht erhöht, z.B. auf einem Stuhl. Er hält seine Hände auseinander: linke Hand weit oben, rechte weit unten. Nun führt er sie zusammen. Wenn sich die Hände in der Mitte kreuzen, müssen alle Teilnehmer klatschen. Wer nicht klatscht, ist draußen. Aber Achtung: Kreuzen sie sich nicht und man hat trotzdem geklatscht, darf man sich den Rest des Spiels ebenfalls nur vom Spielfeldrand anschauen.

Übung

Fünf Personen werden vor allen Leuten zu bestimmten Themen befragt. Das vorher eingeweihte Publikum reagiert auf den einen immer mit Klatschen, auf den anderen immer mit Desinteresse, beim Dritten lachen sie immer, beim Vierten werden sie wütend und den Fünften finden alle kollektiv blöd. Hinterher werden die fünf Freiwilligen befragt, wie sie es empfunden haben. Konnten sie auch innerlich fröhlich bleiben, auch wenn die Zuhörer desinteressiert waren oder einen einfach nur blöd fanden? Wovon machen wir unsere innere Freude, unsere Gelassenheit abhängig?

Geschichte von Grimaldi (Joseph Grimaldi, Pantomime & Clown, 1778-1837)

Von Grimaldi stammt die Legende vom traurigen Clown, die er durch folgenden Witz über sich selbst verbreitete: Ein junger Mann geht zum Arzt und klagt über seine unüberwindlichen Depressionen. Darauf rät ihm der Arzt, er solle doch zum berühmten Clown Grimaldi gehen, um sich aufzuheitern. Darauf antwortet ihm der Mann: „Aber ich bin doch Grimaldi."

ChristCenter

Freude und Fröhlichkeit / Joy und Happiness

Wir machen den Unterschied. Sehr bewusst. Freude ist mehr als Fröhlichkeit und Joy mehr als Happiness. Freude ist mehr als eine spontane Lebensäußerung. Freude ist verankert in der Seele und auch dann noch wirksam, wenn äußere Lebensumstände nicht gerade zum Freuen sind. Es ist eine tiefe innere Gelassenheit und Geborgenheit, die sich nicht so schnell aus der Ruhe bringen lässt und nicht so schnell verduftet wie eine aufgesetzte Fröhlichkeit.

Wie in der Geschichte vom Clown Grimaldi geht es nicht um eine gemachte Freude oder Fröhlichkeit. Du kannst der Clown der Klasse sein, die besten Witze reißen und die verrücktesten Dinge tun, und alle denken, du wärst der fröhlichste Mensch auf Erden; aber du selbst kannst es ganz anders empfinden, nur als fröhliche Maske, die deine eigentliche Trauer und Einsamkeit überspielt. Das muss nicht so sein, aber oft genug ist der Clown der Gruppe der, der am wenigsten echte Freude empfindet und gerade deshalb dieses hohle Gefühl mit Witzen überdeckt.

Prüf dich einmal selbst: Bist du ein fröhlicher Mensch, weil die Freude in dir lebt, oder ist deine Fröhlichkeit mehr eine Maske vor der Gesellschaft?

Wenn ihr den Mut habt, dann bewertet euch in der Gruppe gegenseitig: Wer ist der fröhlichste unter euch? Warum?

Echte Freude in/aus der Beziehung

Jesus wünscht dir vollkommene Freude. Lies im Johannesevangelium die folgenden Verse: Johannes 15,11; 16,24; 17,13!

Jesus ist die Beziehung zu uns enorm wichtig. Warum? Weil er weiß, wer nicht an der Quelle angeschlossen ist, braucht sich über Wassermangel nicht zu wundern – wer nicht an Jesus dran ist und über die „Lebensader" Heiliger Geist mit der Kraft Gottes versorgt ist, braucht sich nicht über mangelnde Früchte wundern. Im Bild vom Weinstock macht Jesus das sehr deutlich (Johannes 15,1-8).

Darum fordert Jesus seine Leute auf: „Bleibt in mir!" Bleibt an der Quelle, lasst euer Leben davon erfüllen. Dann wird die Liebe Gottes mehr und mehr eure werden, und seine Freude wird unsere werden (Johannes 15,9-12). Geliebt werden von Gott und tiefe Freude empfinden – das gehört zusammen. Denn wenn ich das weiß und verinnerliche, dass ich unendlich wertvoll und geliebt bin, dann bewirkt es in mir eine starke Freude und Gelassenheit. Ich weiß und erlebe es mehr und mehr: Was auch immer kommt, ich bin geliebt und geborgen bei Gott.

Mitten in seinen Abschiedsreden, wo auch von Traurigkeit die Rede ist, setzt Jesus den Akzent der Freude (Johannes 16,22-24). Es ist eine tiefe „Freude trotz": Trotz aller widrigen Umstände, trotz Verfolgung, trotz Tod. Wenn etwas die Menschen damals besonders verblüfft hat an den ersten Christen, dann ihre tiefe Gelassenheit und Freude, obwohl sie vor Richter, Henker und Löwen gebracht wurden. Trotz aller Widrigkeiten hörte man bei ihnen bis zuletzt Lieder der Freude, Worte tiefer Geborgenheit.

Unsere vollkommene Freude ist Jesu Gebet (Johannes 17,13). Hier geht es nicht um eine Freude, die mit der nächsten Krise verweht, die heute da, morgen schon wieder verflogen ist. Jesus meint die vollkommene Freude, die wetterfest und tief in uns verankert ist. Eine Freude, die andere an uns auch dann noch erleben, wenn alle anderen am Jammern sind und alles, auch sich selbst, herunterziehen. Diese Freude machen wir nicht selbst. Sie kommt aus der Kraft des Heiligen Geistes. In Römer 15,13 macht Paulus es noch einmal deutlich: Echte Freude und tiefer Friede entstehen in der Verbindung zu Gott, durch die Nabelschnur, die uns mit ihm verbindet.

Echte Freude (Lukas 10,17-20)

Jesus hatte seine Leute gesandt, um in der Kraft Gottes gewaltige Dinge zu tun (Lukas 10,1-12). Nun kommen sie voller Freude zurück und erzählen sich begeistert, was sie mit Gott erlebt haben. Kennst du diese Freude? Erzählt ihr euch manchmal, was ihr Gewaltiges mit Gott erlebt habt?

Wow! Das war gewaltig und sogar der Teufel „himself" fiel wie ein Blitz vom Himmel. Gewaltige Taten durch die Jünger? Ja und nein. Es war die Kraft Gottes in ihnen, aber sie stellten sich dieser Kraft als Werkzeuge zur Verfügung. Und Jesus macht deutlich: Was ihr erlebt habt, war gewaltig, aber freut euch vor allem darüber, dass eure Namen im Himmel geschrieben sind.

Was meint er? Nun, wir werden Gewaltiges mit Jesus erleben, wenn wir uns ihm zur Verfügung stellen, und wir werden durch Gottes Kraft die Freude haben, Siege über Tod und Teufel zu erringen. Viel bedeutsamer und wichtiger ist es aber, dass unsere Namen im Himmel geschrieben stehen, dass wir selbst geliebte und angenommene Menschen sind, dass wir im Himmel bekannt sind – nicht wegen unserer Taten, sondern weil wir zu Jesus gehören. Vollkommene, echte Freude meint eben auch: Wenn du einmal stirbst, fällst du nicht in ein schwarzes Loch, sondern du kommst an einen Ort, an dem man dich kennt und herzlich begrüßt. Du kommst nach Hause, dein Name ist bekannt, du gehörst zu Jesus. Vollkommene Freude hört nicht am Grab auf, im Gegenteil. Hier auf der Schwelle des Todes beginnt die Freude erst ihre ganze Fülle zu entfalten.

Tiefe Freude, trotz ...

... Gefängnis (Philipper 4,4; Apostelgeschichte 16)

Mich begeistert dieser Paulus, der mitten im Gefängnis an die Gemeinde in Philippi schreibt: „Freut euch in dem Herrn allewege, und abermals sage ich euch: Freuet euch" (Philipper 4,4)! Der Mensch an sich und hier in Deutschland vielleicht noch mal mehr scheint aufs Jammern ausgelegt. Doch Paulus trägt in sich eine starke Gelassenheit und Freude und möchte sie in die Welt hinausschreien. Egal was ist und passiert, egal, was an Sorgen auf dich einprasselt: Freue dich! Freue dich, weil Christus dich kennt und liebt, weil er für dich gestorben ist und durch den Heiligen Geist in dir lebt! Freue dich, weil das Dunkel nicht das letzte Wort hat, sondern der Sieg des Königs immer deutlicher werden wird! Freue dich, weil dich kein Sarg der Welt einsperrt, sondern längst alles für dich bereit ist in Gottes Herrlichkeit!

Damit dieses „Freut euch!" aber keine hohle Phrase oder Parole ist, braucht es die Verbindung zu Gott. Es geht nicht um eine Leistung, die ich zu vollbringen habe. Es geht nicht darum, die Mundwinkel zum gezwungenen Grinsen zu bewegen. Es geht um die lebendige Beziehung zu Jesus, um Christus in mir, den ich mehr und mehr zum Zug kommen und mich erfüllen lasse. Diese Freude hat im wahrsten Sinne des Wortes Kraft, Fesseln zu sprengen, die uns vom echten Leben fernhalten wollen. Ganz praktisch wird es in Apostelgeschichte 16,23-40: Mitten im Gefängnis, mitten in der Nacht, in Fesseln gelegt, beginnen Paulus und Silas Gott zu loben und zu singen. Das halten die Fesseln nicht aus, das hält das gesamte Gebäude nicht aus. Die Fesseln springen auf, die Türen öffnen sich – Freude bricht sich Bahn. Eine Freude, die dann sogar noch den Gefängnisaufseher erreicht, der so zu Gott findet.

Kennst du diese tiefe Freude und Gelassenheit, die die Fesseln der Sorgen und Fragen sprengt? Was ist dein Gefängnis, deine Sorge? Kannst du Jesus darum bitten, dein Herz, deine Seele mit dieser kraftvollen Freude und Geborgenheit zu erfüllen?

... Verfolgung (Apostelgeschichte 13,52)

Diese Freude wird auch in der Verfolgung spürbar. Eine Erfahrung, die die Jünger früher schon machten, als sie mitten in Verfolgung und Gefahr erfüllt wurden von Freude – einfach weil Gottes Nähe greifbar und spürbar war. Eine Erfahrung, die wir immer wieder von Menschen hören, die wegen ihres Glaubens auch heute noch verfolgt werden. Gerade in diesen dunklen Stunden bricht die Freude durch: Ich weiß, dass Jesus da ist – er lebt in mir viel stärker als alle Verfolgung um mich her. Ich denke an die vielen Gospels, die vielfach in Verfolgung und Not getextet wurden, aber so viel Freude und Hoffnung verbreiten.

Vielleicht spürst du so etwas wie „Verfolgung", wenn dir das Leben als Christ in Schule, Uni oder Beruf schwer gemacht wird. Es ist eine schwere Zeit. Umso mehr: Lass dich nicht von den Worten der anderen erfüllen, sondern von Gottes Geist! Bitte Gott, dir eine tiefe Gelassenheit und Freude zu schenken, die dich stark macht und sogar deine Mitschüler und Kollegen verwundern wird!

Freude am Herrn ist eure Stärke (Nehemia 8,10)

Wie entsteht eigentlich echte Freude? Im Buch Nehemia steht der bekannte Vers: „Die Freude am Herrn ist eure Stärke!" Dieser Vers ist schon oft zitiert und vertont worden. Was man aber oft übersieht, ist, dass diese Freude ihren Vorlauf hat: Der Schriftgelehrte Esra liest aus dem Gesetzesbuch Mose vor, ein Text, der ganz neu vor die Ohren des Volks kommt. Alle Ohren waren entsprechend hellwach und „dem Buch zugekehrt" (Nehemia 8,3). Das Volk steht auf, als Esra das Buch aufschlägt, und sie verneigen sich bis zum Boden und beten Gott an (Nehemia 8,6). Das ist mehr als nur ein Ritual. Es ist eine Ehrfurcht, die uns heute vielleicht fehlt: sich unter das Wort zu stellen, anzunehmen, was Gott sagt, und sich vor ihm als dem Herrn der Welt zu verneigen. Das Buch wird klar und verständlich ausgelegt (Nehemia 8,8) – das Wort ist nicht immer selbst-verständlich. Es braucht auch heute gute Ausleger, die es ins Hier und Heute übertragen. Das Gehörte trifft ins Herz. Das Volk weint, weil es die eigene Schuld erkennt und sich wieder in die Nähe Gottes wünscht. Ich kenne solche Momente, in denen ich meine Schuld vor Gott erkannte und neu begriff, was er für mich getan hatte. Momente, in denen ich weinen musste, weil es mich innerlich traf. Tränen der Buße, weil mir meine Schuld und meine Entfernung zu Gott leid- und wehtat – Tränen aber auch der Freude, weil ich Gott wieder ganz neu erkennen konnte. Manchmal sind Tränen einfach dran, wenn der Durchbruch zu neuer Freiheit und Freude gelingt. Nehemia und Esra sprachen dann – nach diesen Tränen – zum Volk: „Seid nicht bekümmert, die Freude am Herrn ist eure Stärke!" Die Freude ist nicht einfach gemacht, sondern geworden – aus den Tränen echter Reue und aus Vergebung geboren. Und dann ist auch der richtige Zeitpunkt zu feiern: eine Feier aus echter Freude heraus, die viel mehr ist als eine billige Fröhlichkeit (Nehemia 8,12).

Kannst du diesen Weg zur Freude nachvollziehen? Echte Freude, die aus dem Geschenk der Vergebung entsteht – dem Erleben, wieder neu angenommen zu sein, zu Hause zu sein in den Armen des Vaters?

Freude verbreiten (Jesaja 52,7)

„Wie lieblich sind auf den Bergen die Füße der Freudenboten, die da Frieden verkündigen, Gutes predigen, Heil verkündigen, die da sagen zu Zion: Dein Gott ist König!" Ich weiß nicht, wie du über deine Füße denkst. Vielleicht sind sie dir zu groß, zu krumm oder zu muffelig. Wie auch immer, sie können lieblich sein, wenn sie für Gott unterwegs sind und seinen Frieden, seine Freude unter die Menschen bringen. Klasse, oder?

„Wir sind Gehilfen eurer Freude" (2. Korinther 1,24) schreibt Paulus an die Korinther und das können wir auch gut hören. Bist du ein Gehilfe zur Freude? Hilfst du anderen, sich zu freuen? Oder überwiegt in dir viel zu oft die Schadenfreude?

Chatroom

Denk bitte daran: Freude ist keine Leistung, die wir bringen müssen oder können. Wir können zwar anderen „eine Freude machen", aber nicht die Freude selbst. Das ist ein Geschenk, das der Heilige Geist in uns auspacken möchte.

Kannst du Freude in dir haben, ohne fröhlich zu sein? Kannst du Freude in dir tragen, obwohl du einen schlechten Tag hattest?

Was kannst du tun, wenn du keine Freude in dir empfindest? Was kannst du tun oder „zulassen"?

Wie kannst du anderen helfen, ganz neu Freude zu empfinden?

Wie steht es mit deinen Füßen? Hast du liebliche Füße, weil du ein Freudenbote bist?

Persönlich: In welchen Lebensbereichen maskierst du dich mit Freude, die du dir oder anderen nur „vormachst"?

Challenge

In der Kleingruppe
Namen der Gruppe auf Zettel schreiben und ziehen lassen. Mach der Person auf deinem gezogenen Zettel in der nächsten Woche eine besondere Freude!

Für dich persönlich
Schreibe eine Woche lang auf, wofür du dankbar sein kannst, worüber du dich freuen kannst. Bitte Gott, dir besonders angesichts von „Gefängnissen", von „Verfolgung" oder „Sorgen" tiefe Freude und Gelassenheit zu schenken.

Das Rezept für „liebliche Füße"
Werde zum Freudenboten deiner Stadt, deiner Schule und Familie. Erzähle Menschen Gutes, verkündige Frieden, lebe die Liebe Gottes!

Frieden

Ein Hund betritt das Spiegelzimmer und sieht sich plötzlich acht Mal. Angesichts dieser Feinde, dieser übermächtigen Hunde, die ihm so verblüffend ähnlich sehen, beginnt er seine Zähne zu fletschen und sich voll auf Angriff einzustellen. Unglücklicherweise reagieren die acht Hunde genauso wie er und fletschen gefährlich ihre Zähne. Voller Panik rennt der Hund im Raum herum, bis er schließlich tot zusammenbricht. Wie bitter. Hätte er doch nur gelächelt, sie hätten zurückgelächelt und der Friede wäre bewahrt geblieben. R.I.P. – Rest in Peace!
Ein dummer Hund, oder? Wir Menschen sind da doch ganz anders!

Wortbedeutung

Der hebräische Begriff „shalom" und das griechische Wort „eirene" meinen einen Frieden, der mehr ist als nur politischer Friede. Es ist ein Heilszustand, ein ganzheitlicher Frieden. Interessanterweise wurde die griechische Göttin Eirene mit einem Füllhorn, dem Inbegriff des Reichtums, dargestellt, ganz so, als sei der Friede ein Resultat des Reichtums, als könnte man sich dann zur Ruhe setzen. Es geht aber um inneren Frieden durch Versöhnung und Heilung. Ein Friede, der uns erfüllt und der sich auswirkt auf alle unsere Beziehungen.
Übrigens: Der Name „Irene" leitet sich von „eirene" ab, vielleicht kennt ihr ja eine solche friedvolle Person? Das deutsche Wort findet sich dann eher in Namen wie „Gottfried", „Wilfried", „Siegfried" oder „Elfriede" wieder.

Chopsuey

Lied „Ein bisschen Frieden" von Nicole
Ein absoluter Oldie und deshalb schon fast wieder modern. Dieser Song kann zur Einstimmung dienen, um über das Thema „Frieden" nachzudenken.

Spiel „Schiffe versenken"
Was für ein „friedfertiges" Spiel: Schiffe versenken. Die Gruppen spielen gegeneinander. Die Gruppe, die zuletzt angegriffen wurde, ist dran und darf nun selbst angreifen. Bei Treffern darf nicht gleich nachgelegt werden, sondern auch hier wechselt der Angreifer und der „Getroffene" darf schießen. Welche Gruppe behält am längsten ihre Schiffe? Welche Bündnisse wurden geschlossen?
Kurze Fragerunde: Macht es uns eigentlich Spaß, andere zu vernichten? Was genau macht uns dabei Spaß? Wo erleben wir es im Alltag, in der Schule „abgeschossen" zu werden? Wie erlebe ich zurzeit ganz praktisch äußeren und inneren Frieden?

Collage mit Bildern aus Zeitungen
Manche Zeitung oder Zeitschrift eignet sich sicherlich ideal, um eine Collage des Unfriedens zusammenzustellen. Jeder oder jede Gruppe bekommt eine Zeitung und gestaltet eine solche Collage, aus der der Unfrieden dieser Welt spricht.

Workshop: Sanftes Ruhekissen gestalten
Wir gestalten ein sanftes Ruhekissen. Dazu braucht ihr für jeden Teilnehmer einen Kissenbezug und Textilschreiber. Als Text für das Kissen empfehle ich Psalm 4,9: „Ich liege und schlafe ganz mit Frieden; denn allein du, Herr, hilfst mir, dass ich sicher wohne."

Symbole des Friedens
Verschiedene Symbole auslegen oder als Powerpoint zeigen. Woher kommen sie, was bedeuten sie? Als letztes Symbol das Kreuz zeigen: Was hat das Kreuz mit Frieden zu tun?

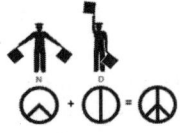 Im Jahr 1958 wurde das wohl bekannteste Friedenszeichen vom britischen Künstler Gerald Holtom geschaffen. Im Rahmen der „Campaign for Nuclear Disarmament" (Kampagne zur nuklearen Abrüstung) hatte er den Auftrag, ein Symbol für die Ostermärsche zu entwerfen. Das Zeichen selbst leitet sich aus dem Flaggenalphabet ab. Beim „N" für „nuclear" zeigen die Flaggen ein umgedrehtes „V", beim „D" für „disarmament"

zeigt eine Flagge senkrecht nach oben, die andere senkrecht nach unten. So kam es zu dem Symbol, das seit 1958 in vielen Friedensbewegungen der Welt im Einsatz ist.

 Die „Friedenstaube" ist ebenfalls ein sehr starkes Symbol für Frieden geworden. Es entstammt natürlich der biblischen Geschichte von der Arche Noah. Noah lässt die Taube fliegen, um zu erkunden, wie weit die Sintflut zurückgegangen war. Als sie mit einem frischen Olivenzweig wiederkehrt, ist das nicht nur ein Zeichen von Rettung und Hoffnung, sondern auch dafür, dass der Friede wieder eingekehrt ist. Auch der „Heilige Geist" wird in Markus 1,10 mit einer Taube dargestellt. Die weiße Taube gilt generell als „reines, unschuldiges" Geschöpf. Als Bildsymbol wurde es dann vor allem von Pablo Picasso für den Pariser Weltfriedenskongress 1949 entworfen. Das Bild der „weißen Taube" ist weltweit und nicht nur unter „Bibelkennern" zum Symbol des Friedens geworden. Im Logo der Friedensbewegung findet sich ebenfalls die weiße Taube auf blauem Grund. Zu manchen Anlässen werden deshalb auch weiße Tauben symbolträchtig freigelassen, um für den Frieden zu demonstrieren.

 Auch der biblische Regenbogen, der ebenfalls in Verbindung mit der Noah-Geschichte Gottes Treue und Friedenszusage verspricht, wurde zum Symbol für Frieden. Nicht umsonst trägt die bekannte „Pace"-(„Frieden"-)Flagge den Regenbogen im Hintergrund. Die Flagge entstand 1961, erst ohne den „Pace"-Schriftzug. Seit 2002 zeigten vermehrt Menschen auf der ganzen Welt mit diesem Zeichen „Flagge".

 Das Victory-Zeichen, das sich gut mit Zeige- und Mittelfinger bilden lässt, ist vor allem ein Symbol für Sieg, für viele Menschen aber auch gleichbedeutend mit „Frieden". Es soll von Winston Churchill stammen, dem englischen Premier, der damit den Sieg der Alliierten über Nazi-Deutschland zum Ausdruck brachte. Mittlerweile ist das „Handzeichen" ein klares Signal für „Sieg" und „Frieden" in vielen Bereichen des Lebens.

ChristCenter

(Un-)Frieden zwischen Gott und Mensch

In Jesaja 53,4-7 wird in Voraussicht beschrieben, warum Jesus kommen und am Kreuz sterben wird. Er geht diesen Weg, damit wir ...

... Frieden haben

Damit wir Frieden haben – hast du Frieden? Prägt dich echter Frieden – tiefe Zufriedenheit und echte Gelassenheit – in deinem Alltag? Jeder ist mal hektisch oder auch unruhig, aber hast du grundsätzlich eine Ruhe, eine tiefe Zufriedenheit in dir? Ein Kirchenvater sagte: „Ruhig wird unser Herz erst, Gott, vor dir." Dort, wo wir ausatmen dürfen, abgeben können und endlich Frieden schließen – auch mit uns selbst. Dort, wo wir ausdrücken dürfen, womit sich unser Herz so vollgesogen hat und endlich frei werden kann für ein neues Leben, das Gott schenkt.

Jesus lädt dich ein – konkret: Drück dich vor mir aus und finde einen Frieden, den nur er schenken kann. *(Du kannst an dieser Stelle auch einen nassen Schwamm nehmen. Er steht symbolisch für das Herz, das voll ist mit Unruhe und Sorge. Kannst du vor Gott ausdrücken, was dich beschwert, und es abgeben, so wie ein Schwamm ausgedrückt wird?)*

... geheilt werden

Damit unsere Wunden heil werden – trägst du Wunden in dir? Hat dich das Leben, haben dich Menschen verletzt und deine Seele blutet noch immer? Worte, die gesprochen wurden und die so scharf und verletzend sein können? Dinge, die in Beziehungen geschehen sind, in denen du Vertrauen erwartet, aber Verletzung erfahren hast?

Jesus hat deine Wunden überwunden. Jesus sagt: Ich bin der Arzt deiner Wunden. Bitte lade mich ein in dein Leben – ich sehne mich danach, diese Wunden zu heilen und zu reinigen, damit sie dein Leben nicht mehr belasten, sondern du zu einer ganz neuen Befreiung und Entfaltung durchstößt. Frieden bedeutet immer auch Frieden mit der Vergangenheit, Frieden über Verletzungen, Frieden über Schuld. Kein billiger Frieden, kein einfaches Pflaster, sondern echte Heilung durch Vergebung.

... Orientierung bekommen

Damit wir nicht mehr in die Irre laufen, sondern einen Weg gehen, der auf einem guten Fundament steht, der Sinn macht und Perspektive hat, weit über den Tod hinaus. Hast du diese Perspektive gerade jetzt in deinem Leben – oder fehlt dir die Führung eines Gottes, der den besten Weg für dich bereithält? Fühlst du dich getrieben oder geführt? Frieden bedeutet eben auch: Ruhig werden in der Gegenwart, gelassen sein, weil Gott da ist und uns führt.

Jesus ist gekommen, um dir Frieden zu geben – zutiefst; um deine Wunden wirklich zu heilen – endlich; um dir zu helfen, deinen Weg zu finden – befreiend. In Römer 5,1 macht Paulus deutlich, dass wir durch Christus Frieden haben. Die Sünde, die uns von Gott trennte, hat Christus auf sich genommen – dadurch ist Friede möglich zwischen Gott und Mensch, Friede in mir selbst und auch zu meinen Mitmenschen, ja sogar auch zur Schöpfung hin, die ich im Einklang mit Gottes Auftrag achte und schütze.

Friede in uns

Wenn die Bibel von Frieden redet, dann meint sie mehr als nur die Abwesenheit von Krieg. Frieden („Shalom") ist umfassender. Aus dem Frieden mit Gott erwächst auch der Friede mit mir selbst und mit anderen. Weil ich weiß, dass Gott alles für mich gab, kann ich auch anderen leichter vergeben und sogar mir selbst. Gott hat sich klein gemacht, hat uns gedient, sollte ich nicht auch vergeben können, selbst wenn ich mich im Recht fühle?

Gott möchte uns Frieden schenken in uns. In Psalm 4 heißt es: „Ich liege und schlafe ganz mit Frieden; denn allein du, Herr, hilfst mir, dass ich sicher wohne." Ich weiß nicht, was dir den Schlaf raubt, aber manchmal steigen in der Nacht die Geister in uns auf, die wir am Tag verdrängt hatten, oder falsche, kaputt machende Bilder, die wir am Tag aufgenommen haben. Gott sehnt sich danach, dass wir in uns Frieden haben – dass nichts und niemand uns von seiner Liebe (Römer 8) und seinem Frieden trennen kann. Darum lädt Gott uns ein, alles abzulegen und ihm abzugeben, was uns belastet, unser Leben eng und angstvoll macht.

Sein Frieden ist noch einmal um vieles tiefer als unser menschlicher Friede sein kann, denn er geht unter die Haut, in die Seele hinein. Über unseren Frieden hinaus möchte uns Gott seinen Frieden schenken (Johannes 14,27), ein Friede, der über jeder Angst und Sorge regiert, weil Jesus diese Welt überwunden hat (Johannes 16,32-33).

Versöhnt mit der Vergangenheit

Dieser Frieden ist auch eine Versöhnung mit der Vergangenheit. Wenn du auf den „Dachboden deiner Seele" gehst, dorthin, wo die vielen Bilder deiner Vergangenheit in alten Kisten liegen, dann begegnen dir vielleicht auch Bilder und Situationen, mit denen du bis heute auf „Kriegsfuß" stehst. Du hast vielleicht gedacht, dass über diesen Dingen Gras wächst und Zeit alle Wunden heilt. Vielleicht ist Gras gewachsen, aber ganz sicher heilt die Zeit nicht alle Wunden. Unter der Grasnarbe blutet es noch immer in die Seele und vergiftet uns schnell innerlich. Man kann es verdrängen und ein Stück weit vergessen, aber es beeinflusst weiterhin manche Entscheidungen und Einstellungen.

Niemand von uns ist einfach der Mensch von heute – jeder hat Vergangenheit, die ihn geprägt hat, und jede Entscheidung, die wir treffen, treffen wir auf der Grundlage unserer Vergangenheit. Umso wichtiger ist es, in Frieden und versöhnt mit der Vergangenheit zu leben, um auch befreit Entscheidungen im Heute zu treffen. Jesus lädt dich ein, mit all den Giftmüllfässern und Altlasten, die schon lange, viel zu lange im Herzen lagern, zu ihm zu kommen, um sie abzuladen: „Kommt her zu mir, alle, die ihr mühselig und beladen seid; ich will euch erquicken" (Matthäus 11,28).

In Frieden mit anderen

Als sich die ersten Christen zusammenfanden und so etwas wie Gemeinde entstand, da wurden wirklich völlig unterschiedliche Menschen zusammengewürfelt: Reiche und Arme, Gebildete und Ungebildete, Juden und Heiden. Wow! Diese Anfangs-projekte hatten jede Menge Sprengstoff in sich. Man sollte meinen, die Chemie hätte niemals zwischen ihnen stimmen können, aber Christus stellt die Chemie auf den Kopf und schafft Verbindungen, die menschlich unmöglich scheinen.

Paulus schreibt an die Epheser: „Er (Jesus) ist unser Friede, der aus beiden eins ge-macht hat und den Zaun abgebrochen hat, der dazwischen war, nämlich die Feind-schaft" (Epheser 2,14). In Christus und durch ihn werden trennende Zäune, von Menschen gebaut, umgerissen und echte Gemeinschaft wird möglich. Weil Christus für uns Frieden geschaffen hat, können auch wir Frieden leben, weil er uns be-stimmt.

Dieser Frieden ist oft „höher als alle Vernunft" (Philipper 4,6.7). Wo wir meinen – auch ganz vernünftig meinen –, hier wäre es Zeit zurückzuschlagen, ist sein Friede höher und tiefer. So wie es nicht zu begreifen ist, dass Christus zur Versöhnung für uns Menschen stirbt, so unbegreiflich ist der Frieden, den Gott schenken will unter allen Menschen. Ein „unbegreifbarer" Frieden in einer kriegerischen Welt und es braucht mutige, geradezu verrückte Menschen, die diesen Frieden wagen und leben können. Menschen, die so sehr vom Frieden Gottes leben, dass er ihren ganzen Charakter bestimmt.

Versöhnung mit Menschen ist eine Grundvoraussetzung für unser geistliches Leben. Nicht umsonst steht im Vaterunser: „Vergib uns unsere Schuld, wie auch wir verge-ben unseren Schuldigern." Vergebung will unser Leben verändern, einen ganz ande-ren Blick auf diese Welt und ihre Menschen werfen. Und darum ist es auch wichti-ger zuerst die Versöhnung und den Frieden mit Gott und Mensch zu suchen, bevor ich einfach nur christliche Praxis daherlebe, wie man es nun mal so macht (Matthäus 6,23-34). „Sucht den Frieden!", ruft Paulus den Römern zu. Es liegt nicht nur an uns, aber soviel an uns liegt, sucht danach, Frieden mit den Menschen zu haben (Römer 12,18). Keinen billigen Frieden, der auf falschen Kompromissen ruht, son-dern einen echten Frieden, der Gott ehrt und den anderen respektiert.

Botschafter und Werkzeug des Friedens

Werde zum Botschafter dieser Versöhnung, dieses Friedens (2. Korinther 5,17-20)! Was bedeutet das konkret?

Du bist damit Botschafter der größten Macht im Universum

Es gibt keine größere Macht. Natürlich haben wir in der Schule oder anderswo Angst, von Jesus zu erzählen, aber sei dir der Gegenwart Gottes gewiss. Er ist bei dir in der Klasse und vor deinen Eltern und Geschwistern.

Deine Botschaft ist „supergenial" und befreiend

Du bringst keine Trauerbotschaft, sondern eine Botschaft zum Leben und zur Freude. Es gibt auf dieser Welt keine wichtigeren Worte als die Gottes. Petrus sagt einmal zu und über Jesus: „Du allein hast Worte ewigen Lebens." Worte, die eine Bedeutung haben weit über unsere irdische Existenz hinaus. Wenn Jesus in dir lebt, dann wird das auch in deinen Worten spürbar werden.

Du bist nicht von dieser Welt, aber in dieser Welt

Wir sind nicht mehr Eigentum der Welt, sondern Eigentum Christi. Wer sich von Christus anziehen lässt, ist nicht mehr der „Erdanziehungskraft" unterworfen, die einen nur nach unten zieht. Aber: Wir leben, reden und handeln mitten in und voll für diese Welt, die Gott unendlich liebt.

Du hörst auf Gott und gibst seine Botschaft in Wort und Tat weiter

Botschafter hören auf ihren Auftraggeber und „transportieren" seine Botschaft in das Land, in das man gesandt ist. Sie reden und labern nicht nur, sie verkörpern Gott in dieser Welt. Jemand sagte mal: „Vielleicht bist du die einzige Bibel, die Menschen um dich her jemals lesen werden." Da ist was Wahres dran. Lesen Menschen an dir ab, wie Gott ist, handelt und liebt?

Du verstehst Gottes Sprache und sprichst die Sprache deiner Umgebung

Christen werden zweisprachig. Sie lernen mehr und mehr, Gott zu verstehen und mit ihm zu reden. Zugleich lernen sie aber auch Gottes Worte so in das Heute und Hier zu übersetzen, dass es Menschen wirklich verstehen können.

Du redest nicht, was du willst, sondern was Gott will

Botschafter verkünden nicht, was sie denken, sondern was ihr Auftraggeber ihnen aufgetragen hat. Als Christen sind wir vor allem gefragt, Gottes Worte weiterzugeben – auch dann, wenn es vielleicht einmal „harte Worte" sein sollten.

Du wirbst für „Gottes Land" und lädst dahin ein

Hast du schon einmal einen Botschafter gesehen, wie er sein Land vorstellt, repräsentiert und einlädt, das Land zu besuchen? Wir sind eine einzige Litfasssäule für Gottes Reich, eine lebendige Werbung, die einlädt, Christus kennen zu lernen.

Du stehst für etwas, du trittst für etwas ein

Botschafter stehen für die Werte und Inhalte ihres Landes, ihres Auftraggebers, auch und gerade dann, wenn es schwierig wird, z.B. in der Schulklasse, wenn „dein Land und seine Bewohner" unter Beschuss kommen.

Werde zum Werkzeug des Friedens, wie Franz von Assisi es beschreibt:

> O Herr,
> mach mich zum Werkzeug deines Friedens,
> dass ich Liebe übe, wo man sich hasst,
> dass ich verzeihe, wo man sich beleidigt,
> dass ich verbinde, da, wo Streit ist,
> dass ich die Wahrheit sage, wo der Irrtum herrscht,
> dass ich den Glauben bringe, wo der Zweifel drückt,
> dass ich die Hoffnung wecke, wo Verzweiflung quält,
> dass ich ein Licht anzünde, wo die Finsternis regiert,
> dass ich Freude mache, wo der Kummer wohnt.
> Herr, lass mich trachten:
> nicht nur, dass ich getröstet werde, sondern dass ich tröste;
> nicht nur, dass ich verstanden werde, sondern dass ich verstehe;
> nicht nur, dass ich geliebt werde, sondern dass ich liebe.
> Denn wer da hingibt, der empfängt;
> wer sich selbst vergisst, der findet;
> wer verzeiht, dem wird verziehen;
> und wer stirbt, erwacht zum ewigen Leben.

Chatroom

Denk bitte daran: Frieden ist keine Leistung, die wir bringen müssen oder können. Frieden ist ein Geschenk. Es ist wunderbar, wenn unser Herz zur Ruhe kommt durch und vor Gott, wie es der Kirchenvater Augustinus beschreibt. Diese Gelassenheit, diese innere „Zu-Frieden-heit" schafft nur Gott. Diese Kraft möchte auch in meine Beziehungen in der Schule, Familie, Gesellschaft hineinwirken.

Was raubt dir zurzeit deinen persönlichen Frieden? Was macht dich unruhig?

Wie kannst du zu einem Botschafter des Friedens werden in deiner Familie, deinem Freundeskreis, deiner Schule ...?

Lies das Gebet von Franz von Assisi. In welchen der angesprochenen Bereiche fällt es dir leicht (oder schwer), ein Werkzeug des Friedens zu sein?

Challenge

Versöhnung

Schreib einen Brief, eine Karte, eine SMS: Versöhne dich mit Menschen, mit denen du im Streit liegst. Es ist nicht damit getan, aber vielleicht – Gott schenke es – ist es ein erster Schritt der Versöhnung. Vor allem bete für das Unruhige in dir und für den Unfrieden zwischen dir und anderen.

Gebet

Bete das Gebet von Franz von Assisi in den nächsten Tagen bewusst.

Kissen

Das gestaltete Kissen kann und darf an das Gehörte erinnern.

Botschafter

Werde offiziell zu einem Botschafter der Versöhnung. Das kann auch ein offizieller Akt werden am Ende der Einheit.
(siehe Urkunde auf der nächsten Seite)

Ernennungsurkunde zum Botschafter Christi

„Gehört jemand zu Christus, dann ist er ein neuer Mensch.
Was vorher war, ist vergangen, etwas Neues hat begonnen.
All dies verdanken wir Gott, der durch Christus mit uns Frieden geschlossen hat.
Er hat uns beauftragt, diese Botschaft überall zu verkündigen. Denn Gott hat
durch Christus Frieden mit der Welt geschlossen, indem er den Menschen ihre
Sünden nicht länger anrechnet, sondern sie vergibt.
Gott hat uns dazu bestimmt, diese Botschaft von der Versöhnung öffentlich
bekanntzugeben. Als Botschafter Christi fordern wir euch deshalb im Namen
Gottes auf: Lasst euch mit Gott versöhnen! Wir bitten euch darum im Auftrag
Christi. Denn Gott hat Christus, der ohne jede Sünde war, mit all unserer Schuld
beladen und verurteilt, damit wir von dieser Schuld frei sind und Menschen
werden, die Gott gefallen."

2. Korinther 5,17-21

Christus ernennt dich zu seinem „Botschafter der Versöhnung".
Lerne die Sprache der Menschen, die in dem Umfeld leben,
in das Gott dich gesandt hat: deine Familie, dein Ort, deine Gemeinde,
dein Verband, deine Firma, Schule oder Uni.
Verkündige und lebe, was du gehört und erlebt hast:
die Versöhnung durch Jesus Christus.
Nimmst du diese Ernennung zum Botschafter der Versöhnung Christi
bewusst und neu von Gott an?

Ja, mit Gottes Hilfe.

Ort, Datum _____

Unterschrift _____

Geduld

Ich kenne Menschen, die behaupten, sie würden immer am längsten in einer Schlange vor der Ladenkasse stehen. Aber das ist absoluter Unsinn, das kann gar nicht sein. Warum? Ganz einfach: Ich bin der, der immer und überall am längsten vor einer Kasse steht. Selbst wenn ich mich an die kürzeste Schlange stelle, passiert garantiert etwas an meiner Kasse, was mich um gefühlte Stunden zurückwirft. Jemand zahlt mit einer Karte, die das Lesegerät nicht akzeptiert, die Kassenrolle ist leer, ein Preis ist nicht ausgezeichnet und muss erst erforscht werden, eine nette Omi sortiert ihr Kleingeld und stellt schließlich fest, dass sie zu wenig Geld dabeihat, und kann sich dann nicht entscheiden, was sie zurückstellen will. Wie kurz auch immer die Schlange war, sie wird garantiert die längste. Da ist es nicht leicht, geduldig zu sein.
PS: Neulich hatte ich Glück. Meine Schlange war kurz und lief schnell. Ich kam prompt dran und konnte es kaum fassen. Dann merkte ich, dass ich mein Geld vergessen hatte …

Wortbedeutung
Das griechische Wort „makrotymia" meint soviel wie „Langmut" (ein langes Anhalten von Zorn im Gegensatz zu Jähzorn = „oxythymia"). Geduld ist eine starke Kraft, die dir hilft, besser mit dir und anderen Menschen umzugehen.

Wichtige Texte: In Matthäus 18,21ff., dem Gleichnis vom Schalksknecht, wird die göttliche Geduld beschrieben, die zum Umdenken und zur Geduld gegenüber anderen führen soll. Auch in Römer 2,4 soll die göttliche Geduld etwas im Menschen bewirken: Umkehr und Buße. Geduld wird auch in Kolosser 1,11 als Auswirkung und Frucht beschrieben. Sie ist Zeichen eines veränderten Lebens (Epheser 4,2; Kolosser 3,12; 2. Timotheus 3,10) und Paulus ist genötigt, die Gemeinden daran zu erinnern (1. Thessalonicher 5,14). Die Langmut ist eine Eigenschaft der echten (Agape)-Liebe (1. Korinther 13,4).

Chopsuey

Geduldsspiel

Vier kleine Puzzles mit gleicher Teilezahl werden mit ihren Einzelteilen auf einem Tisch ausgebreitet und gemischt. Auf der Rückseite der Teile steht die Nummer des Puzzles bzw. der Gruppe. Einer aus jeder Gruppe muss immer zum Tisch laufen und darf je Lauf nur ein Teil mit seiner Nummer holen. Der Rest der Gruppe bastelt das Puzzle zusammen. Wer zuerst fertig ist, hat gewonnen.
In diesem Sinne gibt es natürlich noch eine ganze Menge „fieser" Geduldsspiele. Eine gute Übersicht hat der Wikipedia-Artikel über „Geduldsspiele".

Bild: das Navigationsgerät

Ich bewundere die Geduld dieser Frau! Sie weiß den Weg genau, aber flippt nicht aus, wenn ich wieder und wieder falsch fahre. Ganz ruhig und gelassen gibt sie mir eine neue Route oder lädt mich freundlich dazu ein, umzudrehen. Die Geduld meiner Navigationsdame ist gewaltig und für mich ein Bild für Gottes große Geduld. Gott weiß genau, was der beste Weg für mich wäre, aber voller Geduld folgt er mir auch auf falschen Wegen und leitet mich zur Umkehr, zurück auf den eigentlichen Weg meines Lebens. Wie ein Hirte sich immer wieder der störrischen Schafe erbarmt und sie von falschen Fährten zurückholt, so sucht und findet uns Gott und führt uns ins Leben zurück (Psalm 23; Lukas 15,1-7).

Bild: Annika und die Blumenzwiebel

Eines Tages kam meine Tochter Annika mit einem Blumentopf vom Kindergarten nach Hause. Sie erzählte voller Aufregung von der Blumenzwiebel, die sie vergraben hat und die sich bald zu einer wunderbaren Blume entfalten würde. Doch wann würde es so weit sein? Am Abend war noch nichts zu sehen und auch am nächsten Morgen nicht. War die Erde etwa leer oder alles ein Betrug? Die Ungeduld gewann. Am nächsten Abend sah ich, wie sie die Erde aufbuddelte und an der Blumenzwiebel zog, damit sie schneller wachsen sollte.

Patient kommt von Patience

Dass der Begriff „Patient" etwas mit dem englischen Wort für Geduld „patience" zu tun haben muss, weiß jeder, der schon einmal in einem Wartezimmer beim Arzt war.

In der Warteschleife

Kennst du diese schönen Worte? „Haben Sie einen Augenblick Geduld. Sie werden mit dem nächsten freien Mitarbeiter verbunden." Wir hängen oft in der Warteschleife, nicht nur am Telefon. Warten auf den Rückruf, warten auf die Resonanz zu unseren Bewerbungen, warten auf den Führerschein, warten auf den 18. Geburtstag, warten auf den Durchbruch, warten auf die große Liebe. Wie ein Flugzeug, das seine Kreise am Himmel zieht, weil es noch nicht landen kann, warten wir darauf, endlich landen zu dürfen, um anzukommen. Woher bekommst du die Kraft, so lange in der Luft zu bleiben, bis der Zeitpunkt zur Landung gekommen ist?

ChristCenter

Gott hat Geduld mit uns

Gott hat eine wahnsinnige Geduld mit uns. Obwohl ich immer wieder wie ein störrisches Schaf von ihm weglaufe, weil ich denke, am besten zu wissen, wo die saftigen Weiden sind; obwohl ich immer über die einfachsten Anfechtungen stolpere und oft so wenig für Gott lebe; obwohl mein Leben manchmal so wenige Früchte trägt, ist Gott geduldig und führt mich immer wieder auf den guten Weg zurück.

Paulus ist begeistert von der Geduld Gottes. Er, der Christenmörder und Verfolger, hätte es verdient gehabt, dem ganzen Zorn Gottes ausgesetzt zu sein. Aber Gott ist anders. Er ist geduldig und von großer Güte. Er geht uns nach. Ganz egal, was vorher war, ganz egal, wie weit weg wir von ihm waren – er geht uns nach in Geduld, immer in der Sehnsucht, dass wir uns zu ihm umdrehen, umkehren von falschen Wegen. In 1. Timotheus 1,16 freut sich Paulus an der Geduld Gottes, die ihn loslässt und ihm immer wieder nachgeht aus Liebe. In aller Geduld und Güte wartet Gott darauf, dass wir erkennen, wie sehr er uns liebt (Römer 2,4). Die Geduld Gottes soll sich auch auf unser Verhalten zu anderen auswirken.

Die Geschichte vom Schalksknecht (Matthäus 18,21ff.)

Wer ist denn der Schalksknecht? Der Ballholer oder Zeugwart bei Schalke 04? Nein, nein. Der Schalksknecht ist jemand, dem der Schalk im Nacken sitzt, d.h. einer, der falsch und geradezu frech reagiert. So wie in der Geschichte vom Schalksknecht, die Jesus seinem Freund Petrus erzählt. Petrus hatte nämlich danach gefragt, wie oft man jemandem vergeben soll, der immer wieder schuldig an einem wird. Petrus selbst meint, es könnten vielleicht siebenmal reichen. Ist ja auch nervig, wenn einer immer wieder Mist baut und schuldig an mir wird. Da reißen einem doch irgendwann die Hutschnur und der Geduldsfaden, oder? Irgendwann muss doch mal Schluss sein mit der Vergebung, irgendwann muss ich doch auch mal zurückschlagen dürfen. Doch Jesus antwortet: siebzigmal siebenmal und meint damit nicht 490-mal, sondern tatsächlich immer und immer wieder. Puh! Warum?

Weil Jesus das Fragezeichen in Petrus' Gesicht sieht, erzählt er ihm die folgende Geschichte von einem Mann, der tausendfach bei seinem König in der Schuld stand. Da er nicht bezahlen konnte, wurde die totale Zwangsvollstreckung befohlen. Doch der Mann bat und flehte: „Hab Geduld mit mir; ich will dir's alles bezahlen" (V. 26). Da hatte der König Erbarmen. Er ließ ihn nicht nur los, hatte nicht nur Geduld, sondern er erließ ihm sogar den gewaltigen Schuldenberg. Nun, das ist doch mal eine Story mit Happyend. Der Mann war doch sicher tierisch glücklich und diese Begegnung hat doch sicher sein Leben ganz neu geprägt und verändert. Von wegen! Kaum war er raus aus dem Haus des Königs, raus aus seiner Schuldenfalle, da lief ihm einer seiner Schuldner über den Weg. Dieser schuldete ihm, verglichen mit der Mordsschuld, die er selbst hatte, wirklich nur Peanuts. Doch er griff sich diesen, schüttelte ihn mächtig durch und verlangte sofort das Geld. Nun, der Mitknecht und Schuldner bat auch: „Hab Geduld mit mir; ich will dir's bezahlen" (V. 29). Doch der Typ blieb hart und warf den Schuldner ins Gefängnis. Hatte er denn nichts gelernt? Hatte denn die Vergebung und Geduld des Königs keine Auswirkung auf sein Verhalten gegenüber anderen? Doch auch das ist noch nicht das Ende der Geschichte. Der König hörte von den ungeheuerlichen Vorkommnissen und zitierte diesen gemeinen Knecht zu sich und sagte: „Du böser Knecht! Deine ganze Schuld habe ich dir erlassen, weil du mich gebeten hast; hättest du dich da nicht auch erbarmen sollen über deinen Mitknecht, wie ich mich über dich erbarmt habe?" Und der König wurde zornig und setzte wieder die volle Schuld ein.

Wie heißt doch die Bitte im Vaterunser? „Vergib uns unsere Schuld, wie auch wir vergeben unseren Schuldigern!" Die gewaltige Vergebung Gottes, seine Liebe und Geduld mit uns muss Auswirkungen haben auf unsere Liebe und Geduld mit anderen Menschen. Also: Sei kein Schalksknecht! Nimm das riesige Geschenk an, dass Gott dir immer wieder neu deine Schuld vergibt, und handle ebenso gegenüber anderen Menschen.

Hast du Geduld?

Wir brauchen Geduld mit uns. Sei nicht zu ungeduldig mit dir selbst, weil du vermeintlich länger für etwas brauchst, als du dachtest. Nimm dir Zeit. Wie heißt es: Rom ist auch nicht an einem Tag erbaut worden – auch dein Leben, sogar dein Glaube braucht Zeit, sich zu entwickeln und zu entfalten. Geh barmherzig mit dir um und lass dir die nötige Zeit zu „reifen".

Wir brauchen aber auch Geduld mit anderen Menschen. Ich weiß nicht, wer oder wie viele dir auf den Wecker gehen und deine Geduld auf eine harte Probe stellen. Vielleicht, weil es deine Geduld ist und nicht die, die Gott in dir wirkt? Menschen sind nicht gleich und auch nicht gleich schnell. Ich glaube, manchmal schickt Gott uns sehr bewusst Menschen, an denen unsere Geduld trainiert wird.

Wir brauchen auch Geduld mit Gott. Wenn ich Gott gewesen wäre, ich hätte doch Jesus als erwachsenen Menschen auf die Erde geschickt, nicht als kleines Baby. Wie viel Zeit dabei draufging! Es hätte doch alles schneller gehen können, oder? Und warum dauert es so lange, bis Jesus wiederkommt? Und wieso werden meine Gebete nicht gleich erhört?
Unser Zeitmanagement in Deutschland ist nicht zu vergleichen mit Gottes Plan. Er scheint Zeit zu haben. Zeit für Menschen. Zeit, in der wir noch umkehren können. Zeit, die Gnadenzeit ist. Und zugleich ist er voll im Plan, in seinem Plan. „Als die Zeit erfüllt war", sandte Gott seinen Sohn und nicht umsonst wird besonders im Johannesevangelium immer wieder darauf hingewiesen, ob Jesu Stunde angebrochen ist oder eben noch nicht.

Wir lernen Geduld als Bauern, die das Feld bestellen und es aushalten müssen, dass der Same seine Zeit braucht, um zur Frucht zu werden (Lukas 8,15). Wir lernen Geduld als Eltern, die auf das Kind lange Monate warten müssen. Ich bin froh, dass wir nicht alles immer und sofort bekommen – ich bin froh, dass es noch Dinge gibt, auf die wir warten müssen, die uns lehren, Geduld zu haben. Der Mensch hat viel erfunden, was Zeit sparen soll, aber was machen wir mit der gewonnenen Zeit wirklich? Die Möglichkeit E-Mails zu schreiben, hat uns Zeit gespart und zugleich unser Leben noch hektischer gemacht. Wir haben nicht Zeit gewonnen, sondern verlieren noch mehr unser Leben an die Schnelllebigkeit und Hektik.
Gott hat Geduld mit uns und wir brauchen Geduld. Wir brauchen Geduld mit uns selbst. Wir kommen nicht perfekt und autark auf die Welt, sondern als Baby, das abhängig ist von den Eltern. Wir dürfen wachsen, langsam und behutsam zu Menschen werden, die gereifte Persönlichkeiten sind. Der Mensch ist kein

Schnellprodukt. Hab Geduld mit dir und reife langsam! Du musst nicht alles gleich können, sondern ein gutes und stabiles Fundament schütten, das auch die Jahre und Sturmfluten deines Lebens übersteht.

„Geduld aber habt ihr nötig, damit ihr den Willen Gottes tut und das Verheißene empfangt" (Hebräer 10,36). Jesus hatte eine „Mordsgeduld" mit Petrus, der immer und immer wieder fiel und bis zuletzt anfällig war. Doch Jesus sah in Petrus bereits, was angelegt war, und konnte sehen, wie Petrus innerlich reifte und bereit wurde für die große Aufgabe, die erste Gemeinde zu leiten. So wie ein Sportler geduldig trainieren muss, um stärker und stärker zu werden, so sollen wir auch uns nicht mit Doping zum falschen Christsein hochputschen, sondern geduldig an Jesus dranbleiben, um mehr und mehr von ihm zu lernen und stärker zu werden. „Lasst uns laufen mit Geduld in dem Kampf, der uns bestimmt ist, und aufsehen zu Jesus, den Anfänger und Vollender unseres Glaubens" (Hebräer 12,1-2).

Gottes Geduld mit uns lehrt uns auch, Geduld zu haben mit Menschen. Wir möchten immer gleich Erfolge und Fortschritte sehen, aber daran misst sich nicht immer die Güte einer Entwicklung. Schnell hochgezogene Gebäude haben oft eine schlechte Statik und auch wenig „Charakter". Habe und lerne Geduld auch mit anderen Menschen (1. Thessalonicher 5,14)!

Chatroom

Denk bitte daran: Geduld ist keine Leistung, die wir bringen müssen oder können. Wir hätten wohl nicht die Geduld „Geduld" zu machen. Es ist ein Geschenk, warten zu können, gelassen zu bleiben, Gottes Handeln und Zeitplan zu vertrauen. Geduld liegt uns nicht im Blut. Umso schöner, dass Gott sie in und durch uns wirken will.

Was fällt dir besonders schwer und warum?
- Geduld haben mit dir selbst
- Geduld haben mit anderen Menschen
- Geduld haben mit Gott
- Geduld haben, wenn Fragen offen bleiben

Wählt in eurer Gruppe den geduldigsten Menschen. Wer ist es und was zeichnet diese Person aus?

Geduld ist grundsätzlich eine positive Eigenschaft. Ärgerst du dich manchmal über die Geduld anderer? Ärgerst du dich manchmal auch über die Geduld Gottes mit anderen Menschen, mit dieser Welt?

Lest noch einmal die Story vom „Schalksknecht" (Matthäus 18,21ff.). Haben wir verstanden, wie Gott mit uns umgeht, und prägt das unseren Umgang mit anderen?

Challenge

Geduldsübungen
Nimm dir in dieser Woche ein paar Geduldsübungen vor und bitte Gott, dir darin zu helfen. Du könntest z.B. …

… dich mit einer Person bewusst treffen, die normalerweise deine Geduld strapaziert, weil sie vieles langsamer macht als du.

… dich mit einem Freund auf eine Partie Schach oder zum Angeln verabreden.

… bewusst einen Spaziergang einbauen, obwohl du eigentlich gar keine Zeit hast, oder eine Runde in die Badewanne gehen.

… dir eine Zeit des Gebets verordnen. Ungeduldige Menschen halten es kaum aus, „einfach" nur zu beten. Darum bete lang.

… dir ein Puzzle zur Hand nehmen und aufbauen, am besten ein 1000er Puzzle.

Der Adventskalender
Vielleicht ist gerade Sommer bei euch. Genießt es! Aber gerade im Sommer ist der Adventskalender etwas Besonderes. Meine Kinder warten schon immer voller Ungeduld darauf, die nächste Tür öffnen zu dürfen. Gib deinen Teilnehmern einen Adventskalender mit auf den Weg. Wenn du frühzeitig planst, hast du vielleicht in der letzten Adventszeit zugeschlagen, wenn nicht, dann bleibt dir immer noch die Chance einen eigenen für die Teilnehmer zu schreiben, zu basteln. Hinter jeder Tür kann ein ermutigender Vers für den Tag stehen, sodass – auch noch Tage nach diesem Abend oder der Freizeit – ein Segen ausgeht. Vielleicht erwarten dann auch deine Teilnehmer voller Ungeduld den Zuspruch des nächsten Tages. Übrigens: Im Internet kann man auch schon für kleinere Mengen selbst gestaltete Schokokalender bekommen, z.B. unter www.suesswarenversand.de.

Es kann auch eine Ermutigung sein, darauf zu vertrauen, dass sich Türen (für den persönlichen Weiterweg) öffnen werden.

Zum Mitnehmen
Am Ende gibt es für jeden einen Geduldsfaden, der die Teilnehmer daran erinnern soll, wie geduldig Gott mit uns ist und dass auch wir geduldig sein dürfen und sollen mit uns selbst und anderen. Es bietet sich auch an, Blumensamen zu verschenken, der uns daran erinnert, dass Gutes seine Zeit braucht.

Freundlichkeit

Ein armer Bettler klingelt an der Tür von Oma Emma und bittet um etwas Geld. Da fragt Oma Emma: „Hat Ihnen denn noch niemand eine Arbeit angeboten?" Darauf der Mann: „Einmal schon, aber alle anderen waren sehr freundlich!"

Zitat: „Freundlichkeit ist eine Sprache, die Taube hören und Blinde lesen können." (Mark Twain, US-amerikanischer Erzähler und Satiriker, 1835 - 1910)

Wortbedeutung

Das griechische Wort „chrestotes" (Subjekt) bzw. „chrestos" (Adjektiv) ist gar nicht mit einem Wort allein wiederzugeben. Neben „freundlich" meint es auch „heilsam", „nützlich", „mild" zu sein. Es ist deutlich mehr als ein freundliches Lächeln gemeint, sondern eine Freundlichkeit, die sich im ganzen Wesen und Handeln erweist. Es ist eine Eigenschaft, die auffällt. Stelle dir vor, du begegnest allen Leuten in der Schule freundlich – nicht gezwungen, nicht aufgeschminkt, sondern einfach aus dir heraus, weil Gott in dir lebt. Ich glaube, dass diese Freundlichkeit, diese Kraft auch in deiner Schule oder Uni manches verändern könnte.
Mit Freundlichkeit ist übrigens nicht gemeint, immer nur schön nett und brav zu sein, sondern es ist eine Kraft, die dadurch mächtig ist, dass sie anders ist, überrascht, provoziert (reizt) und wahrhaftig ist.

Chopsuey

Geschichte
Bei dem römischen Historiker Tacitus (55-117 n.Chr.) findet sich die Formulierung „Chrestianer" für die Christen seiner Zeit (in Tacitus' Annalen 15). Bei Sueton (69-122 n.Chr) findet sich sogar für Christus der Name „Chrestos". Was wohl einem Schreibfehler zuzuschreiben ist, hat aber irgendwie auch seine Berechtigung. Stellt euch vor, ihr würdet in eurem Ort, eurer Schule bekannt werden als „chrestos", als freundliche und dienende Menschen.

Geschichte
Zu einem Pastor kam ein chinesischer Reisbauer und erklärte diesem, dass er ein großes Problem habe. Er besitze ein Stück Land, das er bebaue und von dem er lebe. Nun habe er einen Nachbarn, der oberhalb seines auf einem Hügel liegenden Grundstücks sein Land habe, der ihn hasse und alles Böse gegen ihn unternehme, schon deshalb, weil er Christ sei. Das Land wird bewässert von einem Bach, der durch beide Grundstücke fließt. Nun habe der böse Nachbar ihm das Wasser abgegraben, umgeleitet, so dass sein Feld nicht mehr bewässert werde. „Was soll ich als Christ", so fragte der chinesische Bauer, „nun tun?" Der Pastor gab ihm folgende Antwort: „Unterhalb deines Grundstücks befindet sich ein kleiner Teich. Du wirst nun jeden Tag dort hingehen und mit Eimern Wasser holen und damit dein Feld bewässern. Und wenn du damit fertig bist, holst du noch weitere Eimer mit Wasser und begießt auch das Feld deines Feindes." (von Watchman Nee)

Spiel: Früchtepflücker mit Überraschung
Bindet überall im Raum Früchte an der Decke fest. Bananen, Äpfel, Birnen … Zwei Gruppen kämpfen gegeneinander und müssen in begrenzter Zeit möglichst viele Früchte von der Decke pflücken. Allerdings: Erst, wenn die Gruppen fertig sind, wird bekannt gegeben, dass die Früchte unterschiedlich viel wert sind. So sind vielleicht Bananen nur einen Punkt, dafür Äpfel 100 Punkte wert. Das ist mies und nicht gerade freundlich von der Jury, oder? Aber damit sind wir ja auch schon mitten in der Einheit: Freundlichkeit.

Die Maskengeschichte von Thorsten Riewesell
Ein Mann träumte des Nachts, er ginge durch die Straßen seiner Stadt. Doch etwas Seltsames ist passiert. Alle Leute, denen er begegnet, tragen seltsame Masken und ab und zu bemerkt er, wie sie eine Maske gegen eine andere austauschen. Er ist verwirrt. Da kommt ihm der Kaufmann des Ortes entgegen. Auch er trägt eine Maske,

die seltsam freundlich blickt, aber eher zwanghaft freundlich. Die Mundwinkel sind mit Bändern nach hinten zu einem Lächeln gezogen und kleine Grübchen sind ins Gummi der Maske eingeprägt. Die Wangen sind künstlich gerötet. Als er auf den Mann zukommt, beginnt dieser freundlich werbend von den neuesten Produkten seines Kaufmannsladens zu erzählen. In höchsten Tönen weiß er den Mann zu betören und seine Produkte anzupreisen. Dann trennen sich ihre Wege wieder. Als der Mann dem Kaufmann nachsieht, kann er noch beobachten, wie er sich die freundliche Maske abzieht und eine neue aufzieht, die grimmig und ärgerlich blickt. Der Mann versteht erst nicht. Dann sieht er aber den Meyer kommen, der dem Kaufmann schon seit Monaten Geld schuldet. Auch Meyer zieht eine Maske heraus und stülpt sie sich schnell über. Sie sieht armselig und bemitleidenswert aus. Von weitem hört der Mann noch die lautstarken Worte des Kaufmanns.

Plötzlich tickt ihn jemand von hinten an. Der Mann dreht sich um und sieht seinen Sohn, der auch eine seltsame Maske trägt. Sie hat ganz große Augen, wohlgeformte Lippen und hohe Backenknochen. „Sohn!", ruft der Mann aus. „Bist du das? Warum hast du diese Maske auf?" „Hi Paps", antwortet der junge Mann, „du weißt doch, dass ich heute Abend dieses Rendezvous habe mit der Tochter von Gärtners. Weißt du, ich will ihr unbedingt gefallen und ich habe Angst, dass sie mich nicht lieben wird. Deshalb habe ich mir diese Maske ausgeliehen – sie ist nicht für immer, nur für die ersten Dates – Ehrenwort. Wenn ich nur bei ihr landen kann …!" „Aber Sohn!", antwortet der Vater, „du triffst dich heute mit niemandem – heute trifft sich jemand mit der Tochter von Gärtners, der von der Figur her frappierende Ähnlichkeit mit meinem Sohn hat, aber niemals mein Sohn sein kann, weil man Sohn ganz anders aussieht als diese romantisch verzerrte Fratze." „Aber Paps, versteh doch! Die anderen haben auch alle Masken – ohne kommst du heute nicht mehr aus. Wenn ich ihr so begegne, wie ich wirklich bin, dann kann ich gleich einpacken. Tut mir leid, Paps, aber es muss sein. Irgendwann kann ich ihr bestimmt die Wahrheit sagen, irgendwann bestimmt." Der junge Mann läuft weiter. Der Mann schaut ihm lange nach und murmelt vor sich her: „Nie, mein Junge, nie wirst du ihr die Wahrheit sagen, wenn du jetzt mit einer Lüge beginnst." Traurig und nachdenklich geht der Mann weiter.

Auf halbem Weg nach Hause kommt ihm ein Arbeitskollege entgegen. „Hey, warte mal", ruft dieser, „ich muss dich dringend etwas fragen!" Der Mann stoppt: „Hallo, du bist auch unterwegs? Und eine Maske trägst du ja auch!" „Ja, natürlich", sagt der Kollege, „tun doch alle. Aber darum geht's auch gerade. Du, ich muss heute Abend zu meiner Tante. Die ist stinkreich und liegt im Sterben. Was meinst du, welche Maske soll ich nehmen, ich kann mich einfach nicht entscheiden." Mühsam kramt er aus einer Plastiktüte zwei Masken heraus. Die eine ist geradezu armselig, aber mit einem ehrlichen Gesichtsausdruck; die andere schaut freundlich und erfolgreich. „Soll ich die armselige nehmen, um ihr Herz zu erweichen, oder die erfolgreiche, um sie zu beeindrucken?" „Was ist mit deinem eigenen Gesicht?", fragt der Mann fast trotzig zurück. „Welches meinst du?", fragt der Kollege verdutzt zurück. „Dein eigentliches, dein wirkliches!" „Du scherzt. Wenn meine Erbtante mein wahres Gesicht sieht, kann ich die Erbschaft gleich vergessen. Nee, nee, lass mal gut sein! Also, welche soll ich nehmen?" „Mach was du willst, ich kann dir nicht helfen!", sagt der Mann und wendet sich ab und geht. Von weitem hört er seinen Kollegen rufen: „Was ist denn los mit dir!? Spiel dich bloß nicht so auf, als wenn du immer wie eine Madonna durchs Leben läufst. Du hast doch auch deine Masken im Schrank, oder?" Der Mann beginnt zu laufen, erst langsam, dann immer schneller. Er versucht dem Ganzen zu entkommen. Die Worte aber bleiben haften: „Du hast doch auch deine Masken im Schrank!"

„Nein!", schreit es in ihm. „Nein!" Mit diesem Schrei auf den Lippen wacht er auf. Seine Frau sitzt aufrecht im Bett. „Was ist los mit dir? Hast du schlecht geschlafen?" „Gott sei Dank", sagt der Mann. „Gott sei Dank! Alles nur ein Traum, alles nur ein harmloser Traum!" „Das ist bestimmt die Aufregung, weil du morgen das Gespräch mit deinem Chef hast", spricht die Frau besänftigend auf ihn ein, „aber du brauchst keine Angst zu haben. Glaub mir, mit der neuen Maske, die gestern gekommen ist, wirst du sie alle überzeugen!"

ChristCenter

Gott ist freundlich

„Schmecket und sehet, wie freundlich der Herr ist. Wohl dem, der auf ihn trauet" (Psalm 34,9)!

Kann man Freundlichkeit schmecken und sehen? Wenn du schon einmal bei einem gastfreundlichen Menschen zu Besuch warst, dann kannst du es sicher bestätigen. Freundlichkeit kann man schmecken, wenn man am Tisch sitzt und die herrlichsten Speisen vor sich hat. Vielleicht spürt man sogar heraus, dass sich der andere Gedanken darum gemacht hat, was mir besonders schmecken könnte, und nun liegt mein Lieblingsgericht vor mir auf dem Teller. Herrlich! Ja, man kann Freundlichkeit schmecken. Man kann sie auch sehen. In der Art, wie ich begrüßt werde, in der Dekoration der Räume, in der Liebe, die in der Gestaltung der Begegnung spürbar wird.

Gott ist freundlich zu uns und du schmeckst es in den zahlreichen „Speisen", die uns seine Schöpfung zur Verfügung stellt. Auch die edelste, beste, genussreichste Speise hat ihren Ursprung in den Gaben, die Gott uns in der Schöpfung gegeben hat. Auch wenn ein Koch auf seine „Kreation" verweist, so ist sie doch nur abgeleitet aus der Kreation Gottes, seiner Schöpfung.

Gott ist freundlich und das kannst du sehen. Wie genial ist diese Schöpfung, eine absolute Augenweide. Jede Jahreszeit, jede Gegend hat ihren Reiz, und unsere Augen können sich nur freuen, dass Gott uns so einen wunderschönen Planeten geschaffen hat. Auch wenn wir fleißig dabei sind, die Erde herunterzuwirtschaften, scheint doch noch viel von ihrer Schönheit durch.

Gott ist freundlich und weil er es ist, lädt er uns ein, seine Geschenke an uns zu genießen. Gott wird gern als der Miesmacher der Nation beschrieben – wie dumm! Er hat die gesamte Schönheit geschaffen. Er hat auch die Liebe ermöglicht und erstaunlich, aber wahr, sogar den Sex. Leider beachten wir nicht immer die Genussregeln, die uns helfen sollen, die Geschenke Gottes wirklich und dauerhaft und bis in die Tiefe zu genießen. Aus Ungeduld und Eigensucht verpassen wir oft das eigentliche Geschenk.

Das Psalmwort wird auch oft als Einleitung zum Abendmahl verwendet. Warum? Weil wir ganz besonders in der Liebe, die uns Gott in Jesus zeigt, schmecken und sehen, wie freundlich Gott ist. Freundlichkeit ist mehr als nur ein oberflächliches, nettes Anhängsel – Freundlichkeit und Freundsein geht für Gott bis in die Tiefe hinein. Eine Freundlichkeit, die sich unter den anderen stellt, eine Freundlichkeit, die dient – wie Jesus, der seinen Jüngern die Füße wäscht. Eine Freundlichkeit, die so weit geht, dass Jesus sein Leben lässt für seine Freunde, um die Liebe und Freundlichkeit Gottes ein für alle Mal zu verdeutlichen.

Jesus nennt aber nicht nur seine Jünger „Freunde" (Johannes 15,15), er wird auch selbst „Freund der Zöllner und Sünder" genannt (Matthäus 11,19). Warum? In 1. Korinther 13,4 beschreibt Paulus die Liebe als langmütig und freundlich. Die Freundlichkeit ist die „in die Hand genommene" Liebe, die Exekutive unserer Herzensliebe. Freundlichkeit ist also mehr als ein Lächeln auf den Lippen, es ist praktizierte Liebe gegen jedermann.

Dankt Gott für seine Freundlichkeit

Besonders im Alten Testament werden wir immer wieder aufgefordert, Gott für seine Freundlichkeit zu danken: „Dankt dem Herrn, denn er ist freundlich" (1. Chronik 16,34; Psalm 100,5; 106,1; 107,1; 118,1.29 usw.).

Die Freundlichkeit Gottes will uns verändern. Wer wieder über die Schöpfung staunen lernt, in der Gott uns freundlich begegnet, der wird dankbar. Freundlichkeit verändert und im Titusbrief wird spürbar, wie die Freundlichkeit in Christus uns Menschen verändern kann: „Denn auch wir waren früher unverständig, ungehorsam, gingen in die Irre, waren mancherlei Begierden und Gelüsten dienstbar und lebten in Bosheit und Neid, waren verhasst und hassten uns untereinander. Als aber erschien die Freundlichkeit und Menschenliebe Gottes, unseres Heilandes, machte er uns selig – nicht um der Werke der Gerechtigkeit willen, die wir getan hatten, sondern nach seiner Barmherzigkeit – durch das Bad der Wiedergeburt und Erneuerung im Heiligen Geist" (Titus 3,3-5).

Die Freundlichkeit in Christus hat im Zusammenwirken mit der Kraft Gottes, dem Heiligen Geist, unser Leben auf den Kopf gestellt, uns durch und durch verändert. Unser verändertes Leben ist ein dickes „Danke!" an Gott für diese Freundlichkeit, die eben mehr ist als ein gutgemeintes Wort an seine „Untertanen" – nein, die Freundlichkeit wurde greifbar in Jesus Christus, der für uns starb. Das war nicht mit einem freundlichen Lächeln zu machen, sondern mit der „Freundlichkeit" eines hingegebenen Jesus, der uns retten und erneuern will.

Echte Freundlichkeit ist wertvoll

„Seid aber untereinander freundlich und herzlich und vergebt einer dem andern, wie auch Gott euch vergeben hat in Christus" (Epheser 4,32).

Echte Freundlichkeit hat ihren Ursprung in dem, was Gott für uns getan hat und immer noch tut. Weil er freundlich ist, weil er, der weit über uns steht, so liebevoll mit uns umgeht, darum haben auch wir keinen Grund, uns über andere unfreundlich zu erheben.

Freundlichkeit ist für manche „uncool", aber starke, reife Persönlichkeiten haben es gelernt, auch gegen den scheinbaren Trend zu leben. Mich beeindrucken Menschen, die auch unfreundlichen Menschen mit Respekt, Achtung und Freundlichkeit begegnen können. Ich finde das cool, so anders zu leben.

Wie heißt es doch in den Sprüchen: „Sorge im Herzen bedrückt den Menschen, aber ein freundliches Wort erfreut ihn" (Sprüche 12,25).

Freundlich und salzig

„Eure Rede sei allezeit freundlich und mit Salz gewürzt" (Kolosser 4,6). Wenn Paulus hier über unsere missionarische Art redet, dann betont er ausdrücklich: Mach den Menschen keinen Druck und keine Angst, sondern rede freundlich und einladend, weil dein Gott so ist. Spick deine Rede mit Salz, d.h. provoziere, rufe Menschen aus ihren bisherigen Denkmustern und Gefängnissen heraus, aber mach es freundlich. Die Botschaft Jesu ist in keinster Weise Angst machend oder erdrückend, sie befreit, ermutigt und lädt ein.

Chatroom

Denk bitte daran: Freundlichkeit ist keine Leistung, die wir bringen müssen oder können. Dann wären wir eher beim „Bravsein" oder „Nettsein", einer gemachten und eingeübten Freundlichkeit. Hier geht es aber um eine verändernde Kraft, die dazu fähig ist, Verhältnisse zu verändern. Sie provoziert und überrascht durch ihr Anderssein. Sie erwischt im Streit oft den Unfreundlichen auf dem falschen Fuß und nimmt ihm jede Munition.

Nach der Wortbedeutung (s. oben): Was bedeutet es, wirklich freundlich zu sein?

Wie oft dankst du Gott für seine Freundlichkeit? Bestimmt der Dank dein Leben?

Wann fällt es dir besonders schwer, freundlich zu sein / zu bleiben?

Bist du manchmal „gespielt" freundlich? In welchen Situationen?

Bist du ein gastfreundlicher Mensch? Hast du gern Leute zu Besuch und kümmerst dich freundlich um sie?

Ist deine Botschaft von Jesus freundlich – und mit Salz gewürzt?

Challenge

Du kennst sicher eine Person, die immer eher unfreundlich ist und die du vielleicht am liebsten zum Mond schießen möchtest. Da aber auch auf dem Mond nur begrenzt Platz ist und es sicher auch nicht wirklich eine „christliche" Antwort wäre – hier deine Challenge: Bete für die Menschen, die dir oder anderen eher unfreundlich erscheinen. Bete dafür, dass die Unfreundlichkeit sie „von der Kette lässt" und sie freundlich werden können. Und noch etwas: Segne diese Menschen und sprich und handle ihnen gegenüber freundlich. Du darfst gespannt sein, was Gott auch in diesen Menschen verändern kann.

Güte

„Ich bin Güteklasse A", sprach ein Ei zum anderen. „Ich wurde von erstklassigen Freilandhühnern gelegt. Du dagegen bist aus einer Legebatterie entsprungen. Die Leute mögen mich viel lieber und zahlen viel mehr, um mich zu bekommen." Sprach es, wurde emporgehoben und in den Einkaufswagen gelegt, um am nächsten Morgen Herrn Mayer als Frühstücksei zu dienen. Was hat es nun von seiner Güte?

Wortbedeutung
Das griechische Wort „agathosyne" meint wieder mal mehr als nur „Güte". Es ist vielmehr ein „gutes Verhalten" gemeint, dass das Gute Gottes in dieser Welt umsetzen möchte. Das Wort wird auch mit „Rechtschaffenheit" übersetzt, was meint, was es sagt: Wer in dieser Güte handelt und eintritt, der schafft Recht. Wir begegnen also wieder keiner grauen Theorie, sondern gelebter Glaubenspraxis, die auch im Alltag, in der Schule, Familie, Gemeinde oder im Freundeskreis enorme Relevanz hat.

Chopsuey

Gütesiegel und Güteklasse
Wir kennen Gütesiegel und Güteklassen z.B. von Eiern. Versucht einmal, euch selbst oder eurem Kreis eine Güteklasse von 1 bis 6 zu geben und dazu ein Gütesiegel zu malen. Schreibt auf das Gütesiegel, was die Güte von euch oder dem Kreis ausmacht.

Psalmlesung

Es bietet sich an, den Psalm 136 in verteilten Rollen abwechselnd zu lesen. Hier ist extrem oft von der Güte Gottes die Rede, die ewig währt. Was hat den Beter wohl bewogen, so sehr von der Güte Gottes zu schwärmen?

Geschichte: Ein Rabbi und zwei Schüler über den Storch

Einst ging ein Rabbi mit zweien seiner Schüler nachdenkend spazieren. Es denkt und spricht sich gut im Gehen. Die Schüler nun fragen: „Rebbe, eines verstehen wir nicht, eines möchten wir gern wissen." „Nun", sagt der Rabbi. „Der Storch", sagen sie, „der Storch hat einen so schönen wunderbaren Namen: der Storch heißt ›Chasida‹ — das erinnert an das Wort Chäsäd, was doch bedeutet Gottes Güte, seine Liebe, Fürsorge und Treue. Der Storch hat einen so schönen Namen — und gehört doch zu den unreinen Tieren! Das, nein, das verstehen wir nicht!" „Ihr versteht das nicht, meine Jünger?", fragt der Rabbi und schweigt lange, dann sagt er: „Denkt nach!" Nun denken die Schüler nach — einen ganzen Nachmittag. Am Abend fragen sie ihren Meister wieder: „Rebbe, wir verstehen das nicht: der Storch heißt ›Chasida‹ , hat einen so schönen Namen, der erinnert an Gottes Güte, Liebe und Treue, an das schöne Wort Chäsäd. Und doch, und doch ist der Storch ein unreines Tier. Das, nein, das verstehen wir nicht." Und jetzt antwortet ihnen der Rabbi: „Der Storch hat einen so schönen Namen, ›Chasida‹ , was an Gottes Liebe, Güte und Treue erinnert, denn Güte heißt Chäsäd - der Storch hat einen solchen schönen Namen, weil er für seine Brut alles tut, ja für seine kleinen Störche sogar sein Leben gibt. Darum hat der Storch einen solchen Namen: Chasida, was erinnert an Chäsäd: Güte, Liebe, Treue und Frömmigkeit. Aber: weil der Storch alles, was er tut, nur für seine Brut tut — darum ist er ein unreines Tier."

Spiel: Du meine Güte!

Ein witziges kleines Spielchen. Ein Spielleiter bestimmt eine Person aus der Gruppe und stellt ihr geheim eine Frage, z.B. „Was ist dein Lieblingsobst?". Ihre Antwort ist vielleicht „Pfirsich". Dann geht diese Person mit einer Wasserspritzpistole bewaffnet zur Gruppe zurück, die im Kreis sitzt. Nun fragt sie im Uhrzeigersinn jeden Teilnehmer: Was ist dein Lieblingsobst? Die erste Person, die dabei „Pfirsich" sagt, bekommt die volle Wasserladung. Die Wasserladung darf auch verteilt werden, wenn eine Person aus der Gruppe einen Begriff wiederholt oder aber nach wenigen Sekunden noch keine Antwort gegeben hat.

ChristCenter

Güte ist ein Markenzeichen Gottes

„Dankt dem Herrn; denn er ist freundlich, und seine Güte währt ewig" (Psalm 106,1). Gott ist nicht nur gut, er steht auch für eine bestimmte Güte. Sein Gutsein ist also kein schlichtes „Nettsein", sondern basiert auf guten Plänen und Werten für unser Leben. In den Psalmen wird manchmal deutlich, dass die Güte Gottes etwas mit dem „für das Gute, Wahre eintretend" zu tun hat (Psalm 17,7; 26,3). Diese Güte Gottes gilt allen Menschen, sie ist nicht bestimmten Menschen vorbehalten, sondern Gottes Güte ist für alle Menschen gleich gültig (Jakobus 1,5). Wie erwähnt wird das Wort auch mit „Rechtschaffenheit" übersetzt, also das Recht schaffend.

Bei der Güte geht es um „Recht-Schreibung" und „Zeichen-Setzung"! Es geht darum „Recht" zu schreiben und zu leben und deutliche Zeichen der Güte Gottes zu setzen.

Güte in Christus

Nirgendwo mehr und nirgendwo stärker erweist sich die Güte Gottes als in Christus und in der Versöhnung, die am Kreuz von Golgatha geschah. Im Brief an Titus freut sich Paulus an dieser Güte und schreibt von der Freundlichkeit und Güte, die uns in Christus erschien und uns zu Erben des ewigen Lebens macht (Titus 3,4-7; Epheser 2,7). Aber er betont auch, dass diese Güte unser Verhalten, unseren Charakter prägen soll (Titus 3,8). Diese gewaltige Güte Gottes, in der er uns durch Christus gerecht und freispricht, soll etwas in uns verändern: „Weißt du nicht, dass dich Gottes Güte zur Buße leitet" (Römer 2,4)? Die Güte Gottes, seine Liebe zu uns, die sich in der Tat erweist, sucht und erwartet eine Antwort in unserem Leben.

Güte gegenüber Menschen

Mit der Güte ist es wie mit einem römischen Brunnen, bei dem das Wasser ganz oben herausfließt und sich ins erste Becken ergießt. Ist dieses voll, dann läuft das Wasser über in das nächste, größere Becken darunter. Ist auch dieses voll, dann fließt es in das nächste und so weiter. Die Güte Gottes soll so fließen und überfließen wie bei dem Brunnen. Wer die Güte erlebt, gibt sie weiter an andere.

Die Güte ist also eine Frucht, die an uns wächst. Dadurch, dass wir Gottes Güte erleben und annehmen, dadurch, dass wir es zulassen, dass der Heilige Geist die Wahrheit und Größe dieser Güte Gottes in uns entfaltet, entsteht in und durch uns die Frucht der Güte gegenüber anderen und auch gegenüber uns selbst. „Die Frucht des Lichts ist lauter Güte und Gerechtigkeit und Wahrheit" (Epheser 5,9).

Diese drei Begriffe machen noch einmal deutlich, dass Güte mehr ist als ein „Nettsein", es geht um das gute Recht Gottes, das ich lebe und vertrete, es geht um Rechtschaffenheit und rechtes Handeln gegenüber allen Menschen. Paulus schreibt an die Gemeinde in Philippi: „Eure Güte lasst kundsein allen Menschen" (Philipper 4,5)! Alle Menschen eurer Stadt sollen euch als rechtschaffende und zeichensetzende Menschen erleben, die die Güte (Recht und Qualität) Gottes an sich tragen.

Diese Güte lohnt sich sogar, denn sie kommt zu ihrem Spender zurück: „Die nach dem Bösen trachten, werden in die Irre gehen; die aber auf Gutes bedacht sind, werden Güte und Treue erfahren" (Sprüche 14,22). Und in Sprüche 21,21: „Wer der Gerechtigkeit und Güte nachjagt, der findet Leben und Ehre."

Chatroom

Denk bitte daran: Güte ist keine Leistung, die wir bringen müssen oder können. Güte entsteht nur in der Verbindung zu Jesus und durch das Wirken des Heiligen Geistes.

„Rechtes Denken lässt das Herz mitreden. Stetige Gütigkeit vermag viel. Wie die Sonne das Eis zum Schmelzen bringt, bringt sie Missverständnisse, Misstrauen und Feindseligkeit zum Schwinden. Was ein Mensch an Gütigkeit in die Welt hinaus gibt, arbeitet an den Herzen und an dem Denken der Menschen." (Albert Schweitzer)

Hat Güte etwas mit „Gutmütigkeit" oder gar „Naivität" zu tun?

Warum wird Güte oft eher mit älteren Menschen in Verbindung gebracht, selten mit jungen Leuten?

„Was nützt die Güte, wenn die Gütigen sogleich erschlagen werden, oder es werden erschlagen die, zu denen sie gütig sind?", hat der Dichter Bertolt Brecht einst gefragt. Was würdest du antworten?

Bewertet für euch eure Jugendarbeit oder euer persönliches Leben. Welche „Güteklasse" findest du vor?
Güteklasse A: sehr viel Güte sicht- und erfahrbar
Güteklasse B: viel Güte sicht- und erfahrbar
Güteklasse C: wenig Güte sicht- und erfahrbar
Güteklasse D: sehr wenig Güte sicht- und erfahrbar
Wie kommen wir in die nächsthöhere Klasse?

Challenge

„Güter und Güte"

Schaffst du es in dieser Woche, anderen aus lauter Güte etwas von deinen Gütern abzugeben? Du könntest z.B. einüben, von deinem Geld etwas an Bedürftige zu spenden oder einem Menschen konkret zu helfen.

„Recht-Schreibung" und „Zeichen-Setzung"

Wie könnt ihr konkret in eurer Stadt für „Recht-Schreibung" und „Zeichen-Setzung" eintreten? Wo wird die Güte Gottes in eurer Stadt dringend gebraucht? Was kann das für dich und euch konkret bedeuten?

Treue

„Ich werde dir immer treu sein. Auch wenn sich die ganze Welt von dir abwendet, ich bleibe dir treu", sprach Dagobert zu seinem Glückstaler.

Wortbedeutung

Das griechische Wort „pistis" kann auch mit Glaube oder Vertrauen übersetzt werden. Im Deutschen sind die Begriffe „Treue" und „trauen" verwandt. Es geht hier also um eine Kraft Gottes, die uns zu Menschen macht, denen man vertrauen kann. Eine Eigenschaft, die wir dringend in unserer Zeit und Gesellschaft brauchen. Eine Eigenschaft, nach der sich auch die Menschen in deinem Umfeld sehnen.

Chopsuey

Einstiegslieder

„Marmor, Stein und Eisen bricht" oder „troy" von den „Fanta4". Gerade beim ersten Lied lassen sich auch gut neue Strophen dichten, z.B. auf die Treue Gottes.

Gedicht „Spuren im Sand"

Eines Nachts hatte ich einen Traum:
Ich ging am Meer entlang mit meinem Herrn.
Vor dem dunklen Nachthimmel erstrahlten,
Streiflichtern gleich, Bilder aus meinem Leben.

Und jedesmal sah ich zwei Fußspuren im Sand,
meine eigene und die meines Herrn.
Als das letzte Bild an meinen Augen vorübergezogen
war, blickte ich zurück. Ich erschrak, als ich entdeckte,
daß an vielen Stellen meines Lebensweges nur eine Spur
zu sehen war. Und das waren gerade die schwersten
Zeiten meines Lebens.
Besorgt fragte ich den Herrn:
„Herr, als ich anfing, dir nachzufolgen, da hast du
mir versprochen, auf allen Wegen bei mir zu sein.
Aber jetzt entdecke ich, daß in den schwersten Zeiten
meines Lebens nur eine Spur im Sand zu sehen ist.
Warum hast du mich allein gelassen, als ich dich am
meisten brauchte?"
Da antwortete er:
„Mein liebes Kind, ich liebe dich und werde dich nie
allein lassen, erst recht nicht in Nöten und Schwierigkeiten.
Dort wo du nur eine Spur gesehen hast,
da habe ich dich getragen."
Margaret Fishback Powers

Spiel und Gespräch zu „Der Herr der Ringe"

Ringe sind ein Symbol der Treue. Auch bei dem Buch und Film „Der Herr der Ringe" geht es viel um Treue. Das Spiel kann der Einstieg sein, um über das Thema „Treue" zu reden. Bei diesem Spiel muss jede Gruppe insgesamt drei Ringe zu einem bestimmten Punkt bringen oder in einen bestimmten Behälter werfen. Dieser Punkt liegt aber im „Feindesgebiet", so dass man sich strategisch bewegen muss. In jeder Gruppe gibt es drei Ringträger (die Gefährten) mit je einem Ring. Die restlichen Teammitglieder sind Orks, deren Ziel es ist Ringträger der anderen Gruppe aufzuhalten, und Elben. Bekommen die feindlichen Orks einen Ringträger zu fassen, so fällt der Ring an die Orks und der Ringträger wird gefangen genommen. Er kann nur durch Elben (1-2 Spieler je Gruppe) befreit werden, indem ein Elb ins Lager vordringt und den Ringträger abklatscht. Orks können also jeden feindlichen Ringträger aufhalten, Elben jeden eigenen Ringträger befreien. Gewonnen hat die Gruppe, die entweder alle Ringe im feindlichen Lager untergebracht und damit die

Macht der anderen gebrochen hat oder aber wer nach Ablauf einer bestimmten Zeit die meisten Ringe im gegnerischen Lager untergebracht hat.

Spiel um Apfelringe

Ihr kennt vielleicht diese sauren Apfelringe zum Essen. Ihr zieht jeweils zehn Apfelringe auf eine Schnur, je Gruppe gibt es eine Schnur. Diese Schnur wird entweder irgendwo festgebunden oder von zwei neutralen Personen festgehalten. Die Schnur hängt etwa auf Augenhöhe der Teilnehmer. Nun müssen die Gruppen möglichst schnell alle Apfelringe von ihrer Schnur abbekommen und essen. Natürlich nur mit dem Mund …

Statement vom Spitzensportler „Adhemar"

„Jeden Tag Drogen und ein Kasten Bier, das war mein Normalzustand."
Eigentlich hatte Adhemar keine Chance …
Im Januar 2001 kam ich aus der Hitze Sao Paulos ins kalte Deutschland. Als ich aus dem Flugzeug ausstieg, wunderte ich mich, dass man hier in Deutschland die Flughäfen mit so viel Schaum reinigt. Das war meine erste Begegnung mit Schnee. Kurze Zeit später in meinem ersten Spiel für den VfB Stuttgart stand ich einem Riesen namens Lokvenc gegenüber. Ich fühlte mich wie David gegen Goliath. Doch trotzdem schoss ich bei Eiseskälte gleich drei Tore und gab mein Lebensmotto unter dem VfB-Trikot zu erkennen. Aber was soll „Gott ist treu" eigentlich bedeuten?

Normalzustand: Bedröhnt
Bei dem Leben, das ich jahrelang geführt habe, kann ich es eigentlich gar nicht anders ausdrücken als mit dem Wort „Treue". Wenn Gott nicht so geduldig wäre, würde ich heute vielleicht gar nicht mehr leben oder zumindest schwer krank sein. Ich war während meiner wilden Jugendzeit schwer drogenabhängig. Jeden Tag Drogen und ein Kasten Bier, das war mein „Normalzustand". Von meiner Außenwelt habe ich oft nicht mehr viel mitbekommen.
Ein Freund namens Ita hat mir oft davon erzählt, dass Jesus viele Menschen geheilt hätte und dass er mich, obwohl ich drogenabhängig war, trotzdem liebt. Ich habe mit Ita 1993 für „Estrella" in der fünften Liga gekickt. Doch selbst bei seinen interessanten Erzählungen über Jesus und die Bibel und auch wenn er mich in seine Kirche mitnahm, bin ich oft eingeschlafen - durch den extremen Drogenkonsum war ich häufig völlig erschöpft. Mir war klar, dass dieses ausgeflippte Leben mich eines Tages umbringen würde. Aber ich wusste nicht, wie ich da rauskommen sollte. In der Bibel steht: „Wenn dich Jesus von etwas frei macht, dann bist du wirklich geheilt" (Johannes 8,36). Doch davon war ich noch weit entfernt.

Durch den Regen

Irgendwann an einem Abend lag ich in meinem dunklen Zimmer und erinnerte mich an all die Gespräche, die wir über Jesus gehabt hatten. An diesem Abend wurde mir klar, dass ich Gott wirklich brauchte und er der Einzige war, der mir helfen konnte. Ich machte mich auf durch den Regen, um den Bibelkreis einer Kirche im Ort zu besuchen. Ich wusste plötzlich tief in meinem Herzen, dass ich endlich nach Hause kommen musste zu Gott: so wie in der Geschichte vom verlorenen Sohn (Lukas 15,11-32). In dieser Nacht habe ich zu Jesus gebetet, dass er für immer die Nummer eins in meinem Leben sein sollte. Seit diesem Tag und dieser Entscheidung weiß ich, dass Gott mich wirklich liebt und immer bei mir ist.

Das wichtigste Tor

Apropos Entscheidung: Im wichtigen Entscheidungsspiel um den Aufstieg meines Vereins Sao Caetano mussten wir als Zweitligist vor 80.000 Zuschauern im Mara-cana-Stadion gegen Fluminense antreten. Wir waren absoluter Außenseiter, doch mein Tor aus 40 Metern bescherte uns einen überraschenden 1:0-Sieg. Als mich die Reporter danach fragten, ob es das wichtigste Tor meiner Karriere sei, verneinte ich und sagte, dass die Entscheidung, mit Jesus zu leben, das absolut „wichtigste Tor" meiner Karriere gewesen ist. Ich kann immer zu ihm kommen, egal was ich für Fehler gemacht habe, denn Jesus ist ja am Kreuz genau dafür gestorben - für meine Schuld.

Kein „alter Mann"

Gott war also treu, selbst in Zeiten, in denen ich meilenweit von ihm entfernt war. Viele Menschen vertrauen Gott nicht und deswegen erleben sie auch nicht, dass Gott treu ist. Sie denken, dass Gott ein strenger, alter Mann ist, der uns immer nur bestrafen will. Aber in der Bibel heißt es, dass Gott die Menschen liebt und sich wünscht, dass sie zu ihm sprechen und ihm vertrauen: „Die auf den Herrn schauen, werden strahlen vor Freude" (Psalm 34,6).

(aus: David Kadel, „Fußball Gott", Gerth Medien GmbH, 5. Auflage 2006 – Abdruck mit freundlicher Genehmigung des Verlages)

ChristCenter

Gott ist treu und Gott ist „true"

Diese Erfahrung machte nicht nur der Profi-Fußballer Adhemar. Gott ist „AEG - aus

Erfahrung gut". Und er ist treu. Er steht zu uns auch dann, wenn wir untreu sind. Denken wir an das Leben von Jakob in der Bibel. Ein echtes Schlitzohr und ein Betrüger, der seinen eigenen Vater und Bruder mächtig reinlegt. Doch trotz allem lässt Gott ihn nicht los, sondern begleitet ihn in den Höhen und Tiefen seines Lebens. Nach vielen Höhen und Tiefen spricht Jakob: „Herr, ich bin zu gering aller Barmherzigkeit und aller Treue, die du an deinem Knechte getan hast" (1. Mose 32,11). Die Treue Gottes ist überwältigend und stark. Das ist auch eine Erfahrung, die sich in vielen Psalmen ausdrückt. So heißt es in Psalm 108,5: „Deine Gnade reicht, so weit der Himmel ist, und deine Treue, so weit die Wolken gehen."
Worin ist Gott treu?

Seine Zusagen gelten

Wir kennen genug menschliche Worte und (Wahl-)Versprechen, die plötzlich Schall und Rauch sind, wenn sie auf den Prüfstand kommen. Auf wen und welche Worte ist denn noch wirklich Verlass? In Psalm 33,4 heißt es: „Des Herrn Wort ist wahrhaftig, und was er zusagt, das hält er gewiss." Das ist wohltuend und wertvoll. Gott ist kein Schnacker, der etwas Belangloses dahinsagt oder aber falsche Versprechungen macht. Gott ist wahrhaftig, die Wahrheit „haftet" an seinen Worten. Wow! Das suchen wir, das brauchen wir. Ich denke an das großartige Bekenntnis von Petrus. Als sich viele von Jesus abwenden, weil er so deutlich Tacheles redet und Klartext und er auch seine Jünger fragt, ob sie sich nun auch abwenden wollen, da sagt Petrus: „Herr, wohin wollen wir gehen? Du hast Worte des ewigen Lebens; und wir haben geglaubt und erkannt: Du bist der Heilige Gottes" (Johannes 6,68-69). Worte gibt es viele, aber welche sind wirklich wichtig, von Bedeutung, mit einem Inhalt, der nicht nur an der irdischen Sicht der Dinge kleben bleibt? Auf Gott ist Verlass, seine Worte sind nicht immer leicht, nicht immer angenehm, aber wahr und tiefgehend.

Treu in der Vergebung

Gott ist auch treu in der Vergebung. Johannes schreibt grandiose Sätze: „Wenn wir sagen, wir haben keine Sünde, so betrügen wir uns selbst, und die Wahrheit ist nicht in uns. Wenn wir aber unsere Sünden bekennen, so ist er treu und gerecht, dass er uns die Sünden vergibt und reinigt uns von aller Ungerechtigkeit" (1. Johannes 1,8-9). Daran können wir uns halten. Wenn wir unsere Schuld frei und offen eingestehen und bekennen, dann gilt, dass Gott uns vergibt und reinwäscht. Das tut gut! Die Schuld muss nicht ewig an meinen Hacken kleben, sondern Gott nimmt sie weg, wenn ich sie ihm gebe und um Vergebung bitte. Danke Gott, dass du so bist!

Treu bei dir als Mitarbeiter

„Hire and fire" ist in manchen Branchen ein recht beliebter Satz der Anstellungsträger. Man heuert einen Trainer an und wenn er mal versagt, dann wird er halt gefeuert. Der Mensch als einfache Manövriermasse, mit der man heute so und morgen so vorgeht. Gott ist treu, auch wenn wir mal versagen als Mitarbeiter oder Krisen auftauchen. Jesus wirft einen Petrus nicht aus dem Team, weil er versagt hat. Selbst nach der Verleugnung zieht Jesus nicht den Schlussstrich, im Gegenteil, er ruft Petrus noch bewusster in die Leitung seiner jungen Gemeinde. Es ist eine billige, aber leider oft effektive Einrede des Teufels, dass wir nichts mehr taugen würden und unbrauchbar als Mitarbeiter wären, weil wir versagt haben oder immer und immer wieder über unsere Schuld stolpern. Manch tolle Mitarbeiter haben ihre gesamten Aufgaben von heute auf morgen hingeworfen, weil sie sich nicht mehr für „würdig" hielten, Mitarbeiter zu sein. Das ist tragisch, denn so ist Gott nicht. Lass dir das nicht vom Teufel einreden. Gott ist treu, er ist bei dir, er trägt dich und er vergibt dir immer wieder neu, wenn du es ihm ehrlich und offen bekennst, „denn Gott ist treu, durch den ihr berufen seid zur Gemeinschaft seines Sohnes Jesus Christus, unseres Herrn" (1. Korinther 1,9).

Gott ist treu in Zeiten der Versuchung

Es gibt Zeiten, in denen wir vielleicht denken, mitten im Sturm allein zu sein, so wie die Jünger (Markus 4,35-41), die in den schweren Sturm geraten und sehen, wie Jesus schläft, scheinbar desinteressiert an dem Leiden der Jünger. Doch Jesus ist da. Mitten im Sturm. Und er lässt sich wecken, wenn wir selbst nicht mehr Herr werden über die Stürme und Anfechtungen. Er ist zur Stelle, um zu retten. In 1. Korinther 10,13 schreibt Paulus auch aus eigener Erfahrung: „Gott ist treu, der euch nicht versuchen lässt über eure Kraft, sondern macht, dass die Versuchung so ein Ende nimmt, dass ihr es ertragen könnt." Diese Treue, diesen roten Faden in unserem Leben entdecken wir oft erst im Rückspiegel. Wenn wir mitten im Sturm sind, wild am Rudern und ins Schwimmen geraten, können wir oft nicht das Netz sehen, das gespannt ist, um uns aufzufangen. In dem Gedicht „Spuren im Sand" (s. oben) wird etwas deutlich von diesem treuen Tragen, gerade auch in den schweren Stürmen des Lebens. Gott ist da und er möchte dich stärken und ermutigen, „denn der Herr ist treu; der wird euch stärken und bewahren vor dem Bösen" (2. Thessalonicher 3,3).

Treue für alle Tage

Schon im Alten Testament wird immer wieder von der ewigen Treue Gottes gesprochen und Jesus nimmt es in der persönlichen Zusage an seine Nachfolger, an die Gemeinde Jesu, so auf: „Ich bin bei euch alle Tage bis an der Welt Ende" (Matthäus

28,20). Wer diese Treue spürt und erlebt, der kann sagen: „Ich bin gewiss, dass weder Tod noch Leben, weder Engel noch Mächte noch Gewalten, weder Gegenwärtiges noch Zukünftiges, weder Hohes noch Tiefes noch eine andere Kreatur uns scheiden kann von der Liebe Gottes, die in Christus Jesus ist, unserem Herrn" (Römer 8,38-39).

Gott ist treu, auch wenn wir untreu sind

Gott lässt den Propheten Hosea unglaubliche Dinge tun: Hosea heiratet eine Prostituierte, um damit dem Volk Israel seine Untreue vor Gott zu verdeutlichen. Die Untreue ist mit Händen zu greifen, man hatte Gott ausgeklammert und sich an andere Götzen „verkauft" (Hosea 1 und 2). Doch so sehr Gott durch Hosea die Untreue Israels anprangert, so sehr steht er doch trotz allem zu seinem Treuewort und will sich wieder ganz neu seinem Volk zuwenden. „Ja, in Treue will ich mich mit dir (Volk Israel) verloben, und du wirst den Herrn erkennen" (Hosea 2,22). Auch die ersten Kapitel des Römerbriefes sprechen eine klare Sprache und zeigen auf, dass jeder Mensch schuldig und untreu gegenüber Gott ist und immer wieder wird. Die Frage steht im Raum und Paulus stellt sie offen: „Sollte ihre Untreue Gottes Untreue aufheben" (Römer 3,3)? Die Antwort folgt sofort: „Das sei ferne" (V. 4)! Gott ist kein Mensch, der sich durch die Untreue des einen veranlasst sieht, selbst untreu zu werden. Nein. Auch die Untreue der Menschen bringt Gott nicht dazu, untreu zu werden und sein Wort zu verleugnen, seine Zusagen zu verraten. Er bleibt treu.

Kannst du das fassen? Stell dir vor, da ist jemand, der treu zu dir hält, auch wenn du ihn links liegen lässt oder sogar betrügst und beleidigst. Ist so jemand nicht „treudoof"? Ist so jemand nicht leicht auszunutzen? Ja, vielleicht. Aber Gott ist wie der Vater, der auf seinen „verlorenen" Sohn wartet, der nach ihm Ausschau hält, der sich danach sehnt, dass er zurückkehrt. Er hat seinen Sohn nicht vergessen, abgeschrieben oder gar „enterbt", weil er einfach abgehauen ist und ein Leben lebte, das dem Vater sicher nicht gefallen hätte. Aber der Vater bleibt treu. Er ist der Vater. Nichts hält ihn davon ab, seinem Sohn schon von weitem entgegenzulaufen, ihn herzlich zu umarmen und nach Hause zu führen. Nichts hält deinen Vater im Himmel ab, auf dich zu warten. „Sind wir untreu, so bleibt er doch treu; denn er kann sich nicht selbst verleugnen" (2. Timotheus 2,13)! Es ist gegen seine „Natur" untreu zu sein. Ich wünschte, wir hätten mehr von ihm.

Treue gegenüber Gott

Gott ist auf der Suche nach treuen Menschen (vgl. 1. Samuel 2,35): keine unfehlbaren Menschen, aber Menschen, die ihm gehören und folgen wollen. Menschen, die wie Josua bekennen und leben: „Ich aber und mein Haus (meine Familie ...) wollen dem Herrn dienen" (Josua 24,15)!

Könntest du so für dich ein Bekenntnis formulieren?
Der Deutsche EC-Jugendverband hat so ein Bekenntnis, das schon über 120 Jahre alt ist und immer noch gilt und von Leuten gesprochen wird, die mit und für Jesus leben und mitarbeiten möchten:

„Jesus Christus, der Sohn Gottes, ist mein Erlöser und Herr.
Er hat mir meine Schuld vergeben
und durch den Heiligen Geist ewiges Leben geschenkt.
Er hat mich als sein Eigentum angenommen
und in seine Gemeinde gestellt.

Ich freue mich über die Gemeinschaft mit Jesus Christus.
Deshalb will ich mein ganzes Leben nach seinem Willen ausrichten
und meine Gaben für ihn einsetzen.
Ich will treu die Bibel lesen und beten.
In meiner Jugendarbeit will ich nach den
EC-Grundsätzen verantwortlich mitarbeiten.
Ich will am Leben und Dienst meiner Gemeinschaft
oder Gemeinde teilnehmen.
Mit meinem Leben will ich anderen Menschen
den Weg zu Jesus Christus zeigen.

Aus eigener Kraft kann ich das nicht.
Ich vertraue auf Jesus Christus.
Alles zur Ehre meines Herrn."

Das Bekenntnis fasziniert mich. Am Anfang steht einfach der Dank an den, der alles ermöglicht hat, durch dessen Treue wir leben können, der immer und immer wieder uns vergibt und zu uns steht. In der Mitte steht die Sehnsucht, der tiefe Wunsch, selbst Christus zu dienen und in aller Treue für ihn und andere Menschen da zu sein. Und am Ende steht die wichtige und klare Aussage, dass wir das nicht allein können, sondern ganz auf Christus und seine Kraft vertrauen.

Ganz egal, ob du aus dem EC kommst oder nicht: Könntest du so ein Bekenntnis sprechen?

„Treue" hat heutzutage manchmal einen seltsamen Beigeschmack, so als wären die „Treuen" die Dummen, weil sie sich ja festlegen. Sie nehmen sich die Freiheit weg, auch noch anderes auszuprobieren. Wer „treu" ist in der Ehe und Beziehung, nimmt sich die „Freiheit" auch mit anderen zu flirten und zu schlafen. Wer „treu" ist in der Freundschaft, muss dann auch für den Freund da sein, wenn es darauf ankommt. Wer „treu" ist gegenüber Gott, beraubt sich doch der Freiheit, auch anderen Göttern und Zielen zu dienen. Wer „treu" ist in der Gemeinde, nimmt sich doch die Freiheit von Gemeinde zu Gemeinde zu hoppeln.

Ja! Treue engt scheinbar ein. Und doch erleben wir in der Treue eine Tiefe, die niemand erlebt, der nur oberflächlich einer Sache dient, dafür aber vielen. Wer von Beziehung zu Beziehung hüpft, oberflächlich bleibt, der wird vielleicht nie die Tiefe einer echten Beziehung erleben, der wird den wunderbaren Schatz einer Beziehung nicht heben. Im Gegenteil: Er wird immer unfähiger, eine wirkliche, echte und tiefe Beziehung eingehen zu können.

Ja! Treue engt scheinbar ein. Wenn ein Freund in Not ist, dann bin ich gefragt als treuer Freund, ihm zu helfen, auch wenn ich gerade viel lieber mein PC-Spiel zu Ende spielen möchte oder etwas anderes „ganz Wichtiges" vorhabe. Treue bedeutet „füreinander da sein". Aber wie gewaltig ist es, einen treuen Freund zu haben, der alles stehen und liegen lässt, um bei mir zu sein, wenn ich ihn brauche. Wir sehnen uns alle nach solchen „Gefährten" für alle Gefahren (denken wir an den Film „Die Gefährten" aus der Trilogie „Der Herr der Ringe" – an die gewaltige Freundschaft zwischen Frodo und Sam), aber sind wir selbst noch bereit zu solcher Treue?

Ja! Treue engt scheinbar ein. Es ist leichter von Gemeinde zu Gemeinde zu wechseln, als das Wagnis einzugehen, in einer Gemeinde „treu" für Jesus zu leben und sich in die Gemeinschaft einzugeben. Natürlich kann eine Gemeinde schwierig sein und vielleicht ist es auch mal dran zu wechseln. Aber sind wir grundsätzlich überhaupt bereit, Gott in einer Gemeinde „treu" zu dienen und mitzuarbeiten? Sind wir grundsätzlich bereit, uns den Beziehungen in einer Gemeinde zu stellen und die anderen der Gemeinde auch kennen lernen zu wollen?

Ja! Treue engt scheinbar ein. Es mag leichter erscheinen, nicht nur Jesus treu zu sein, sondern eben auch noch anderen Göttern oder Zielen nachzulaufen. Aber niemand muss annehmen, dass er das volle Abenteuer mit Jesus erlebt, wenn er ihm nur halbherzig folgt. Echte Treue gegenüber Jesus führt in die Tiefe einer unglaublichen Freundschaft.

Die Schwierigkeit „treu" zu sein ist kein postmodernes Problem – dafür erzählt schon die Bibel und Weltgeschichte zu viele andere Geschichten. Aber das Problem ist auch nicht kleiner geworden. Darum brauchen wir ganz dringend die Gemeinschaft mit anderen, die ebenso wie du Treue wieder wagen: Menschen, die einer Welt vorleben können, was Treue in Beziehung und Ehe, in Freundschaft und Familie, in übertragenen Aufgaben bedeutet; Menschen, die faszinieren, weil sie Gott und damit auch zutiefst sich selbst treu bleiben, authentisch leben. Bist du bereit zu einem der gewaltigsten Abenteuer unserer Tage? Bist du bereit zur Treue?

Wenn ja, dann wirst du reich werden. Reich an Tiefe in Beziehungen, reich an wertvollen Begegnungen, reich an innerem Frieden, weil du deinen Platz gefunden hast und „zu-frieden" bist; reich an Freunden, die deine Treue zu schätzen wissen; reich an Vertrauen, das dir Gott und Mensch entgegenbringt. Denken wir z.B. an Lukas 16,10: „Wer im Geringsten treu ist, der ist auch im Großen treu – wer seine Treue zeigt, dem wird von Gott auch mehr anvertraut" (vgl. Lukas 19,17).

Treue bedeutet Investition in das Leben, Wagnis zu Gottes Ehre. In Matthäus 25,14ff. ist beschrieben, wie ein Mensch außer Landes geht und seinen Knechten unterschiedliche Vermögen anvertraut. Die, die das anvertraute Gut investieren, die ihre Gaben einsetzen, werden als „treue" und tüchtige Leute vom Herrn beschrieben, die von Gott geehrt werden.

Treue ist eben nicht nur ein Wort, sondern es ist eine aktive Investition, die sich auszahlt, wenn wir treu zu Gott und Mensch stehen.

Treulose Menschen gibt es genug, davon brauchen wir nicht noch mehr. Aber: „Auf einen treulosen Menschen ist am Tag der Not ebensoviel Verlass wie auf einen zerbrochenen Zahn und auf einen wankenden Fuß" (Sprüche 25,19).

Wonach sich die Welt sehnt, sind Menschen, die zu ihren Versprechen stehen, die verlässlich handeln und treu leben, Menschen, die die Treue und Liebe Gottes aufgesogen haben und deshalb selbst Treue leben können.

Wir brauchen starke Ehen und Familie, starke Freundschaften und Gemeinschaften, starke Menschen, die verlässlich sind und Gott vertrauen und treu sind.

Bist du dabei?

Chatroom

Denk bitte daran: Treue ist keine Leistung, die wir bringen müssen oder können. Wir spüren in den Freundschaften und Beziehungen, dass wir uns sehr schwertun, treu zu leben und zu bleiben. Wir ahnen, dass wir eine Kraft brauchen, die in uns eine Treue wirkt, die so stark ist, dass sie auch Krisen übersteht.

„Das Wort ist zerborsten", findet der Theologe Wolfgang Dietrich. „Sein Inhalt ist in tausend Splitter zerfetzt." Welche Bedeutung hat für dich/euch das Wort „Treue" in unserer Zeit?

In welchen Bereichen fällt dir Treue besonders schwer?
- in Beziehung und Ehe
- in Freundschaften
- gegenüber Gott
- in Aufgaben
- gegenüber mir selbst und meinen Werten
- gegenüber der Gemeinde

Wenn ihr euch das Bekenntnis des Deutschen EC-Verbandes durchlest: Was fällt euch daran schwer zu bekennen? Könntet ihr es so sprechen? Wie sähe dein/euer Bekenntnis aus?

Bei der Trauung von Menschen gibt es auch die Möglichkeit, sich gegenseitig ein Trauversprechen zu geben, das so aussehen kann:
„(Name der Braut oder des Bräutigams), ich nehme dich als meine Ehefrau / als meinen Ehemann aus Gottes Hand. Ich will dich lieben und achten, dir vertrauen und treu sein. Ich will dir helfen und für dich sorgen, will dir vergeben, wie Gott uns vergibt. Ich will zusammen mit dir Gott und den Menschen dienen, solange wir leben. Dazu helfe mir Gott. [Amen.]"
Was hältst du davon? Könntest du dir vorstellen, das einmal so zu sprechen?

Challenge

Treuebekenntnis
Formuliere für dich ein Treuebekenntnis gegenüber Gott. Was möchtest du ihm sagen? Bedenke, dass du allein aus deiner Kraft heraus niemals diese Treue hervorbringen kannst.

Treueversuch
Versuche einen Monat (eine Woche) lang ganz bewusst treu zu sein gegenüber Gott, deinen Freunden, Aufgaben, der Gemeinde, in der Familie und gegenüber dir selbst und deinen Worten. Fang mit dem Gebet an, dass Gottes Geist dich mit seiner Kraft der Treue durchflutet.

Zum Mitnehmen

Einfache Ringe als Zeichen der Treue für jeden Teilnehmer: Gott bleibt dir treu.
Halte dich zu ihm!

Liedvorschlag

Du bleibst an meiner Seite (Feiert Jesus 2, Nr. 77)

Segenswort

Keinen Tag soll es geben,
an dem du sagen musst:
Niemand ist da, der mich hält.
Keinen Tag soll es geben,
an dem du sagen musst:
Niemand ist da, der mich schützt.
Keinen Tag soll es geben,
an dem du sagen musst:
Niemand ist da, der mich liebt.
Der Friede Gottes
bewahre dein Herz und alle deine Sinne
in Jesus Christus, unserm Herrn.

Sanftmut

Ich bin ein „Sanftmann". Warum gibt es dieses Wort eigentlich nicht in der deutschen Sprache? Fehlt es in Deutschland an „Gentlemen" (engl. gentle = sanft), dann schreibe ich es an jede Wand: Neue Sanftmänner braucht das Land, schließlich werden doch die Sanftmütigen das Erdreich besitzen, oder?

Wortbedeutung

Das griechische Wort „prautes" meint „Demut", „Menschenachtung" und „Sanftmut". Es hat nichts mit „Unterwürfigkeit" oder gar „Feigheit" zu tun. Im Gegenteil: Wie der Begriff „Sanftmut" ausdrückt, steckt sehr viel Mut und Kraft hinter der Art, „sanft" und „respektvoll" zu handeln und zu reden.

Chopsuey

Spiel

Ein besonders „sanftmütiges" Spiel: Teilnehmer müssen möglichst schnell einen Fruchtjoghurt aus einem Teller nur mit dem Mund (mit der Zunge) „aufschlecken". Perfekte Zeit für tolle Fotos …

Nach einem jüdischen Märchen

Als Gott die Welt erschaffen hatte, freute er sich über alles, was geworden war. Es war sehr gut. Nur das Lamm war traurig und konnte sich nicht mit den anderen Tieren freuen. So fragte Gott das Lamm, was ihm fehle, und es antwortete: „Mein Schöpfer, wie könnte ich glücklich sein, schwach und hilflos wie ich bin? Warum haben andere Tiere Hörner und Krallen, Zähne und Gift bekommen oder schnelle Beine und starke Flügel und ich nichts von alledem? Sie können sich verteidigen und sie können angreifen, ich aber habe nichts und bin der Willkür meiner Feinde ausgesetzt." Gott verstand den Wunsch des Lammes und sagte: „Möchtest du Krallen, scharfe Zähne, Hörner oder Gift?" „Nein", sagte das Lamm, „solche Waffen verletzen nur. Ich möchte dich um bessere Waffen bitten, mit denen ich jeden Feind überwinden kann." „Deine Bitte ist gut und gerecht", sagte Gott, „ich werde sie dir erfüllen. Ich gebe dir die besten Waffen, mit deren Hilfe du alles überwinden und besiegen kannst!" So gab Gott dem Lamm die besten Gaben: Sanftmut, Hingabe und Geduld.

Geschichte

Es stritten sich mal der Wind und die Sonne, wer mächtiger wäre. Sie beschlossen einen Wettkampf. Jeder sollte versuchen, einen Mann mit Mantel dazu zu bewegen, seinen Mantel auszuziehen. Der Wind blies so stark er konnte, doch der Mann kuschelte sich nur noch mehr in seinen Mantel. Bei aller Kraft vermochte es der Wind nicht, dem Mann den Mantel zu nehmen. Dann aber kam die Sonne und ihre Wärme veranlasste den Mann sehr schnell dazu, von selbst seinen Mantel auszuziehen.

ChristCenter

Gott ist sanftmütig

Jesus lädt die Menschen ein abzuladen. Er lädt auch dich dazu ein. „Kommt her zu mir, alle, die ihr mühselig und beladen seid; ich will euch erquicken. Nehmt auf euch mein Joch und lernt von mir; denn ich bin sanftmütig und von Herzen demütig; so werdet ihr Ruhe finden für eure Seelen. Denn mein Joch ist sanft und meine Last ist leicht" (Matthäus 11,28-30).

Jesus ist alle Macht vom Vater übergeben. Darum kann er Menschen auffordern zu gehen, weil er mitgeht und seine Kraft präsent bleibt (Matthäus 28,18), und darum kann er auch einladen, abzuladen.

Menschen sind wie Lastwagen, die alle möglichen Lasten mit sich tragen. Altlasten und Giftmüllfässer beschweren unser Leben und vergiften unsere Seele. Aber Jesus ist da und lädt ein, diese Lasten bei ihm abzugeben und aufzuatmen in seiner Gegenwart. Während die Welt mit all ihren Erwartungen, Ängsten und Sorgen uns viele und schwere Lasten auferlegt und uns vor ihren Karren spannen will, ist Jesu Joch sanft und seine Last leicht. Hier dürfen wir von ihm lernen, wie man in einer harten Welt und Ellenbogengesellschaft nicht nur überlebt, sondern auch in aller Sanftmut und Demut kraftvoll und prägend wirken kann.

Sanftmut erfordert Mut. Mut, den wir nicht aus uns heraus haben, aber uns von Gott neu schenken lassen dürfen. Mut, der Gewalt mit Liebe zu begegnen. Mut, anderen zu dienen. Mut, auch in Anfeindung und Gewalt zu lieben und zu segnen. Spürst du die Kraft, die in einem solchen veränderten Charakter und Leben steckt?

So sanftmütig kommt Jesus zu den Menschen: „Siehe, dein König kommt zu dir sanftmütig und reitet auf einem Esel und auf einem Füllen, dem Jungen eines Lasttieres" (Matthäus 21,5; Sacharja 9,9). Jesus kommt nicht auf einem stolzen Pferd, um sich mit dessen Stärke zu brüsten, wie andere Herrscher seiner Zeit. Jesus kommt auf einem Esel, um sich mit dem Lasttier zu vergleichen, und ist bereit, die Last der Menschen ans Kreuz zu tragen und für die Versöhnung der Menschen mit Gott zu sterben. So kommt Jesus zu dir, in dein Leben. Nicht stolz, nicht überheblich, sondern als der, der dir dienen will, der dir vergeben will und sein Leben für dich gibt.

Wie begegnen wir Jesus? Machen wir uns über ihn lustig, weil er auf einem Esel kommt, oder verstehen wir seine Botschaft und bitten ihn, unsere Last zu tragen?

„Selig sind die Sanftmütigen, denn ihnen gehört das Erdreich" (Matthäus 5,5)

„Das ist alles: Ein sanftmütiges Herz gegenüber dem Nächsten, ein demütiges Herz gegenüber Gott." (Franz von Sales)

Sanftmut steht in direktem Zusammenhang zur Demut. So ermahnt Paulus in Epheser 4,2 zu einem Leben in aller Demut und Sanftmut. Wie die Demut ist auch die Sanftmut eines der Kleidungsstücke, die wir anziehen, wenn wir ganz für Jesus leben wollen (Kolosser 2,12). Wir denken, dass den Kaltblütigen und Mächtigen das Erdreich gehört, aber tatsächlich hat sich das Reich Jesu dauerhaft und bis heute immer weiter ausgebreitet. Es ist das Reich dessen, der von sich sagt: „Ich bin sanftmütig und von Herzen demütig" (Matthäus 11,29). Als dieser sanftmütige König erscheint Jesus auch vor den Toren Jerusalems, demütig auf einem Esel reitend und dennoch voller Kraft und Macht.

„Mirjam aber und Aaron redeten wider Mose wegen des äthiopischen Weibes, das er genommen hatte; denn er hatte eine Äthiopierin zum Weibe genommen. Sie sprachen nämlich: Redet denn der Herr allein durch Mose? Redet er nicht auch durch uns? Und der Herr hörte es. Aber Mose war ein sehr sanftmütiger Mann, sanftmütiger als alle Menschen auf Erden" (4. Mose 12,1-3).

Mose konnte dem Volk als Anführer vorangehen und dennoch sanftmütig sein. Sanftmut ist kein Attribut der Schwäche, sondern einer Stärke, die in der Person selbst und seiner Verbindung zu Gott begründet liegt. Was scheinbar Starke nicht mit Macht erreichen, erreicht oft der Sanftmütige in seiner Art.

Es gibt eine sehr schöne Geschichte von Friedrich von Bodelschwingh, dem Gründer der Betheler Anstalten: Ein geistig behinderter junger Mann, der zur Zeit des Vaters Bodelschwingh in einem dieser Heime lebte, hatte sich in seinem Zimmer eingeschlossen. Er kam während mehrerer Stunden nicht heraus. Die Pfleger und Helfer versuchten, diesen Mann zu bewegen, doch endlich wieder aufzuschließen und den Raum zu verlassen. Aber es half alles nichts. Dann kam der Chef persönlich, Vater Bodelschwingh. Er rief: „Johann, komm raus!" Keine Antwort. Er klopfte. „Johann! Wenn du nicht rauskommst, gibt es drei Tage kein Essen!" Und er wurde noch lauter. Als alles nichts half, flüsterte Bodelschwingh sanft durchs Schlüsselloch: „Johann, bitte, bitte. Mach doch die Tür auf! Du bekommst auch eine doppelte Portion Essen." Auf einmal drehte sich der Schlüssel im Schloss, die Tür ging auf, Johann kam heraus und sagte: „Nicht wahr, Herr Pastor, selig sind die Sanftmütigen, denn sie werden das Erdreich besitzen."

Redet und handelt sanftmütig

Paulus gibt den wichtigen und wertvollen Ratschlag, in Konflikten nicht einfach loszupoltern und andere mit Argumenten an die Wand zu klatschen, sondern sanftmütig zu reden (Galater 6,1; 2. Timotheus 2,25). Auch er selbst ermahnt „bei der Sanftmut und Güte Christi" (2. Korinther 10,2).

Sanftmut ist Mut, anders als die Ellenbogengesellschaft zu handeln. Sanftmut ist zudem Ausdruck von Weisheit. „Wer ist weise und klug unter euch? Der zeige mit seinem guten Wandel seine Werke in Sanftmut und Weisheit" (Jakobus 3,13). Auch im Titusbrief wird daran erinnert niemanden zu verleumden, nicht zu streiten, gütig zu sein und Sanftmut zu beweisen gegen jedermann (Titus 3,2).

Auch und gerade gegenüber uns selbst können und sollen wir sanftmütig sein. Manchmal fällt uns das bei uns selbst am schwersten. Franz von Sales rät: „Die Sanftmut können wir gut an uns selbst üben, indem wir über uns oder unsere Fehler niemals in Zorn geraten. Gewiss verlangt die Vernunft, dass uns die Fehler missfallen und leid tun, aber dieses Missfallen darf nicht bitter, ärgerlich und zornig sein.

Darin fehlen viele, die nach einem Zornausbruch in Zorn geraten, weil sie zornig waren; ..."

Chatroom

Denk bitte daran: Sanftmut ist keine Leistung, die wir bringen müssen oder können. In unserer Ellenbogengesellschaft fällt uns Sanftmut nicht einfach zu, wir brauchen Gottes Kraft dafür. Wenn aber der Geist Gottes diese Sanftmut in uns zum Zuge bringt, dann werden wir durchaus merken, dass sehr viel Macht in der Sanftmut liegt.

Der heilige Franz von Sales meinte: „Der Geist der Milde ist der wahre Geist Gottes. Glauben Sie mir, man muss wohl die Wahrheit sagen, aber ganz sanft. Man muss wohl über das Schlechte empört und fest entschlossen sein, sich niemals darauf einzulassen; dennoch muss man dem Nächsten gegenüber ganz mild bleiben." Wie macht man das: die Wahrheit sagen, aber sanft?

Mose wird als sanftmütiger Mensch beschrieben. Kann man als Leiter sanftmütig sein oder sollte man es sogar? Sind nicht eher Härte und Durchsetzungsvermögen gefragt?

Kennt ihr einen Leiter oder Politiker, der mit „sanftmütig" bezeichnet werden könnte?

Kennt ihr Beispiele, in denen sich Sanftmut durchgesetzt hat?

Challenge

Sanftmut ist eine Form von Mut
Traust du es dir zu, an diesem Tag oder in dieser Woche durch sanftmütiges Leben (reden und handeln) aufzufallen?

Fußwaschung
Wenn die Gruppe dafür geeignet ist, dann führt eine Fußwaschung durch. Beugt euch nieder vor dem anderen und wascht ihm die Füße als Zeichen von Demut und Sanftmut. Das ist ein mutiges Unterfangen, besonders auch für leitende Mitarbeiter.

Selbst-
beherrschung

„Eigentlich bin ich ein Meister der Selbstbeherrschung, aber dieser Wurm ist einfach zu fett", sprach der Fisch, biss an und verschwand kurzerhand an Land. Zurück bleibt der nachdenkliche Kollegenfisch: „Ich ahnte schon, die Sache hat einen Haken."

Wortbedeutung

„Das griechische Wort ›egkrateia‹ bedeutet Nüchternheit, Maßhalten und Mäßigung in allen Lebensbereichen. ›Egkrateia‹ ist wesentlich weiter zu fassen als ›Keuschheit‹, mit dem Luther dieses Wort übersetzt. Je stärker diese Frucht wächst, desto besser ist ein Mensch in der Lage, in den unterschiedlichsten Bereichen seiner selbst mächtig zu sein." (Christian Schwarz, Der Liebe-Lern-Prozeß, S.93)
Es fragt danach, wer wen unter Kontrolle hat. Haben mich meine Leidenschaften und Sehn-Süchte unter Kontrolle oder kontrolliere ich sie in der Kraft des Heiligen Geistes? Selbstbeherrschung meint nicht nur die Vermeidung negativer Einflüsse, das wäre zu wenig. Es ist auch ein sehr positiver Begriff: Du sollst und darfst im Gleichgewicht leben, dein Leben nach guten Maßstäben planen.

Chopsuey

Versuchung

Ihr legt tonnenweise leckere Sachen im Raum aus, aber immer mit der deutlichen

Ansage, diese nicht zu berühren, geschweige denn zu essen. Hinterher könnt ihr darüber ins Gespräch kommen, ob es schwer- oder leichtfiel, sich selbst zu beherrschen.

Zum Lachen bringen

Immer einer versucht einen anderen mit Mimik zum Lachen zu bringen. Wer kann sich am längsten beherrschen und wer lacht zuerst?

Spiel

Immer ein schweres Spiel, aber nett: Teilnehmer müssen aus einer Schale mit Wasser einen Apfel fischen, natürlich nur mit dem Mund. Wer schafft es am schnellsten?

Bild: Luftballon

Die Teilnehmer schreiben auf einen nicht aufgepusteten Luftballon das Wort „Selbstbeherrschung". Dann pusten sie ihn auf – je mehr Luft hineinströmt, desto größer wird auch das Wort „Selbstbeherrschung". Das ist ein gutes Bild für Gottes Geist. Je mehr Geist hineinfließt, desto stärker werden die Früchte am Leben ablesbar.

ChristCenter

Disziplin wie ein Sportler

Mich beeindruckt extrem, wie diszipliniert viele Sportler sind, die sich auf wichtige Wettkämpfe vorbereiten. Da wird auf bestimmtes Essen verzichtet und auf ausreichend Schlaf geachtet. Da geht man früh ins Bett, um morgens fit zu sein, und konzentriert sich ganz auf das Training.

Das englische Wort für „Jünger" heißt „disciple" und ist natürlich sehr verwandt mit unserem Wort „Disziplin". Das ist kein Wort, das wir unbedingt gern hören, denn es hat den Touch von „Enge" und „Pflicht". Vielleicht denken manche bei dem Wort eher an strammstehende Soldaten, die in Reih und Glied stehen müssen und sich von irgendeinem Oberst anschreien und kommandieren lassen. Wir wissen aber auch (oder ahnen zumindest), dass es im Leben ohne Disziplin nicht geht. Wenn ich morgens nicht die Kraft aufbringe, zu einer bestimmten Zeit aufzustehen, werde ich vielleicht immer zu spät zur Schule kommen (so lange, bis man mich rauswirft) bzw. manchen Job gar nicht erst bekommen. Wenn ich mich nicht ein wenig bemühe, werde ich auch kaum eine Chance haben, einen Lebenspartner kennen zu lernen.

Paulus schreibt in 1. Korinther 9,25 von der Disziplin, die ein Sportler, ein Kämpfer braucht, um im Wettkampf zu bestehen. Er vergleicht das mit unserer Situation als

Christen. Wer wirklich mit Jesus leben möchte, braucht Disziplin. Christsein ist nicht mal einfach gelebt, es ist ein oft harter und steiniger Weg voller Herausforderungen. Ich weiß nicht, ob du schon mal richtig für einen wichtigen Wettkampf trainiert oder für eine harte Prüfung gelernt hast. Da gibt es viele, viele Dinge, die uns von unserem Ziel abbringen wollen und eine echte Anfechtung darstellen. Dann ist sie gefragt, die Selbstbeherrschung. Falle ich auf die nächstbeste Versuchung rein oder habe ich meinen Körper, meine Begierden und Sehnsüchte unter Kontrolle? Bin ich wie ein schwankendes Rohr, wie ein Mensch ohne Rückgrat, instabil und wackelig, oder kann ich meinen Weg als Christ gradlinig gehen?

Eins ist sicher: wenn ich in meinem Leben bei all den Herausforderungen und Versuchungen nur meiner Kraft und Disziplin vertraut hätte, ich wäre ein ums andere Mal in die Falle gegangen. Darum brauche ich die Kraft Gottes, seinen Geist. Das ist die Quelle, aus der ich die Kraft gewinne, mich neu auf die Aufgaben und Ziele zu konzentrieren.

Ich denke an Petrus, der auf das Wasser steigt, um zu Jesus auf den Wellen zu gehen (Matthäus 14). Ein gewaltiges Experiment und Wunder! Petrus geht tatsächlich auf Wasser. Das geht gut, solange er auf Jesus schaut. Aber plötzlich geht sein Blick weg von Jesus, hin zu den Wellen. Plötzlich schießt es ihm durch den Kopf: „Ich bin doch ein Mensch, ich kann doch nicht auf den Wellen gehen, das kann doch gar nicht gehen …!" Und dann, wenn wir uns nicht mehr von Jesus anziehen lassen, sondern die Erdanziehungskraft uns nach unten zieht, versinken wir. So wie Petrus. Wie groß ist deine Anziehungskraft zu Jesus hin und wie groß ist die Erdanziehungskraft, die dich zu Boden und unter Wasser zieht?

Ich denke an diesen starken Naturfilm, in dem gezeigt wurde, wie ein Fischadler von weit oben, mächtig und kräftig hinabstieß ins Wasser, um sich einen großen Fisch zu catchen. Dann wollte er sich mit seiner Beute wieder aufschwingen aus dem Wasser, aber der Fisch war zu groß und zu stark. Der Adler kämpfte und schlug mit den Schwingen, aber er kam nicht hoch. Im Gegenteil, der Fisch zog den Adler schließlich unter Wasser, denn die Krallen des Adlers waren so ins Fleisch des Fisches verkrallt, dass er nicht mehr loslassen konnte. Der Adler konnte nicht loslassen, war nicht mehr Herr über seine Kräfte und wurde unter Wasser gezogen.

Das passiert, wenn wir uns Dingen und Mächten aussetzen, die uns unter Wasser ziehen können. Wenn wir gegenüber den Anfechtungen nicht die Gotteskraft aufbringen, standzuhalten und uns auch von falschen Dingen zu lösen, dann kann es sein, dass sie uns ersäufen. Darum ist es richtig, dass Jüngerschaft („discipleship") etwas mit Disziplin zu tun hat: eine Disziplin und Selbstbeherrschung, die das Ziel vor Augen behält und sich von allem trennt, was vom Ziel, was von Jesus wegziehen will.

Magnet

Nimm einen Magneten zur Hand und verdeutliche daran, wie Menschen von Begierden geführt und bestimmt werden, wenn sie darauf innerlich gepolt sind, wenn sie dafür ansprechbar sind. Du kannst z.B. einen „Metallmenschen" nehmen, der vom Magneten überall hingeführt werden kann. Dann nimm einen Menschen, der nicht magnetisch ist und entsprechend sich nicht mehr von der magnetischen Kraft der Begierde kommandieren und führen lässt. Die Frage ist immer, ob wir der Versuchung in uns Raum geben und dafür empfänglich sind oder nicht.

Kontrolle wie ein König

Diese Selbstbeherrschung ist aus Sicht von Paulus eine Grundvoraussetzung für leitende Leute im Reich Gottes. Im Titusbrief (Titus 1,8) wird es als Bedingung genannt für die Bischöfe seiner Zeit. Leiter sollen Menschen sein, die auch in der Auseinandersetzung mit Begierden und (Sehn-)Süchten aus der Kraft Gottes leben. Ein Punkt, den Jesus der frommen Oberschicht und den geistlichen Leitern seiner Zeit vorwirft ist ja, dass sie zwar nach außen „rein" leben, aber innerlich oft längst nicht so rein sind. Ganz offen wirft er ihnen Heuchelei vor (Matthäus 23,25), weil sie zwar vielleicht nach außen noch wie Sportler aussehen, aber längst nicht mehr trainiert sind – weil sie zwar nach außen fromm und rein tun, aber tatsächlich mancher Versuchung nachgeben.

Es ist nicht leicht, kontrolliert zu leben und den Versuchungen standzuhalten. Paulus schreibt auch, dass es Zeiten geben wird (wer weiß schon, ob sie schon angebrochen sind), in denen Menschen scheinbar ihre ganze Selbstbeherrschung verlieren und in vielfacher Weise verrohen (2. Timotheus 3,3). Davor warnt Paulus den Timotheus und ermutigt ihn, selbst den guten Kampf zu kämpfen. So wie ein König sein Land kontrolliert, so sollen wir unseren Körper, unsere Begierden kontrollieren. Wir sind keine willenlosen Menschen, die einfach nur jeder Begierde nachgeben müssen. Gott schenkt uns durch den Heiligen Geist eine Kraft, die es uns ermöglicht, allen Begierden und Anfechtungen standzuhalten.

Paulus hat so für sich entschieden „Single" zu bleiben und empfiehlt es sogar anderen, die Jesus ganz und gar nachfolgen wollen. Aber er fügt hinzu: Wenn ihr dadurch aber abgelenkt werdet vom Ziel, von Jesus – wenn der Wunsch nach einem Partner zu übermächtig wird, dann sollen sie heiraten; „denn es ist besser zu heiraten, als sich in der Begierde zu verzehren" (1. Korinther 7,9).

Do it like Jesus - oder wie wir der Versuchung begegnen können

In Matthäus 4,1-11 wird beschrieben, wie Jesus versucht wird und der Versuchung standhält:

Versuchung 1: Hunger/Durst (schon ist der Versucher zur Stelle; Abwehr durch „Wort Gottes") – Versuchung ist oft besonders stark in Zeiten geistlicher, seelischer und körperlicher Schwachheit (Elia in 1. Könige 19) und in Zeiten, in denen Gott besonderen Segen schenken möchte.
Versuchung 2: Macht, Anerkennung, Möglichkeiten (sogar mit Bibelzitat!)
Versuchung 3: Reichtum, Ansehen (der Teufel verlässt ihn und die Engel treten zu Jesus, dienen ihm)
Weil Jesus die Versuchung kennen gelernt hat, kann er uns auch verstehen und helfen (Hebräer 2,18; 4,15).

Jesus begegnet dem Teufel mit den Zusagen Gottes. Das ist die beste Antwort, die wir ihm geben können. Aber da fängt es vielleicht schon an: Woher wissen wir, was wir antworten können in solchen Situationen? Wir müssen wieder neu lernen, auch Verse der Bibel zu lernen, Gottes Zusagen aufzunehmen und wir brauchen die Kraft des Heiligen Geistes, der uns in Zeiten der Not und Anfechtung an diese guten Worte Gottes erinnert.

Chatroom

Denk bitte daran: Selbstbeherrschung ist keine Leistung, die wir bringen müssen oder können. Zugegeben, der Begriff klingt so, als könnten wir es „selbst", aber wir können es nur in der Verbindung mit Jesus. Manchmal merken wir schon an den einfachsten Dingen, wie anfällig wir sind, von anderen Dingen oder Mächten beherrscht zu werden, wie schnell wir von etwas abhängig werden. Gottes Kraft schenkt uns innere Freiheit. Menschen, die aus dieser Stärke leben und handeln, sind selten in unserer Gesellschaft und umso wichtiger!

In welchen Bereichen fällt dir Disziplin am schwersten?
- Essen/Trinken: Manche essen mehr, als ihrem Körper guttut, andere zu wenig. Vielen fällt es schwer, sich nicht vom Alkohol abhängig zu machen.
- Sex: Internetpornografie ist nur eine gewaltige Herausforderung, der wir uns stellen müssen. Das ist schwer. Wir brauchen die Kraft Gottes, um Dingen, Eindrücken und Bildern standzuhalten, deren Gebrauch scheinbar so normal geworden ist.

- *Macht: Fällt es uns schwer, mit Macht und Anerkennung richtig umzugehen?*
- *Arbeit: Leben wir noch in einem gesunden Gleichgewicht von Arbeit und Freizeit?*
- *Geld: Machen wir uns abhängig vom Gedanken an Geld, weil wir zu viel oder zu wenig davon haben?*
- *Reden: Manchmal tun wir uns sehr schwer, unsere Zunge im Zaum zu halten und nicht andere Menschen durch Worte zu verletzen.*
- *Internet/Medien: Manche verbringen Stunden vor dem PC oder Fernseher. Fällt es dir schwer, dich in diesem Bereich zurückzuhalten?*

Beschreibt, was für einen Spitzensportler wichtig in der Vorbereitung auf einen Wettkampf ist. Was ist davon auf das Leben als Christ übertragbar?

Wie kann man einen guten Trainingsplan für das eigene Christsein aufstellen? Wie könnt ihr das gemeinsam als Team umsetzen und euch gegenseitig ermutigen?

Challenge

Verzicht
Versucht einmal bewusst auf Dinge zu verzichten, von denen ihr euch vielleicht schon abhängig gemacht habt oder die es euch schwer machen, standhaft zu bleiben. Vielleicht ist es Schokolade oder Cola, vielleicht Alkohol oder Kaffee, vielleicht Fernsehen oder PC. Ihr könntet auch an einem „Sieben Wochen ohne"-Projekt vor Ostern teilnehmen.

Trainingsplan
Stell dir einen Trainingsplan auf, um dein Leben mit Christus in dieser Welt weiter einzuüben und im Glauben zu wachsen.

Das Fruchtgebet
Du kannst dieses Gebet jeden Tag beten als eine Bitte an Gott, dass sein Geist dich mehr und mehr verändert:

Herr, beschenke mich mit der Frucht deines Geistes,
dass ich wahre Liebe empfange und weitergebe,
dass ich echte Freude erlebe und ausstrahle,
dass ich tiefen Frieden empfinde und austeile.

Schaffe in mir die Frucht der Geduld,
dass ich ruhig werde und gelassen,
schenke mir die Frucht der Treue,
dass ich dir und Menschen treu sein kann.

Lass deine Freundlichkeit über mir leuchten
und durch mich hindurch zu anderen strahlen.
Schenke mir Sanftmut und Güte im Umgang mit allen Menschen
und deine Kraft, der Anfechtung zu widerstehen.

Vater, lass mich sein eine Rebe an deinem Weinstock,
lass mich ganz mit dir verbunden leben,
räume aus, was zwischen uns steht,
und erfülle mich ganz mit der Kraft deines Geistes.

Ich öffne mich dir und deinem Wirken.
In Jesu Namen!
Amen

Du hast jetzt alle Einheiten gemacht. Respekt! Hat sich etwas bei dir verändert? Im Denken oder schon im Verhalten? Hier hast du noch einmal die Möglichkeit, den Check vom Anfang zu machen. Vielleicht hast du auch die Möglichkeit, dich von einer anderen Person einschätzen zu lassen und anschließend mit ihr darüber zu reden.

Wichtig: Du steigerst den „Fruchtgehalt" nicht durch mehr Leistung, sondern indem du dem Geist Gottes die Tür weit öffnest, dich seinem Wirken zur Verfügung stellst und dich führen lässt. Willkommen im Abenteuer!

Fruchtcheck II

	Beschreibung der Frucht: (Was verstehst du zurzeit unter dem Begriff?)	Dein aktueller „Fruchtgehalt" (1-10) und was du gern ändern möchtest:
Liebe		
Freude		
Frieden		
Geduld		
Freundlichkeit		
Güte		
Treue		
Sanftmut		
Selbst-beherrschung		

Nachtisch

Spiele

Obstsalat

Alle Teilnehmer sitzen in einem Kreis auf Stühlen. Ein Teilnehmer bekommt keinen Stuhl. Nun werden Namen von Früchten an alle vergeben (z.B. Apfel, Birne, Pflaume, Kirsche). Der Teilnehmer ohne Stuhl sagt nun eine Frucht. Alle, die diese Frucht sind, müssen den Platz wechseln. Der Teilnehmer ohne Stuhl muss sich einen suchen. Wer keinen Platz gefunden hat, macht weiter. Bei dem Wort „Obstsalat" wechseln alle Teilnehmer den Platz, da man ja zum Obstsalat viele Früchte braucht.

Halli Galli

Dieses Früchte-Kartenspiel von „Amigo" gibt es in jedem guten Spielwarenhandel. Hier müssen schnell Zusammenhänge wahrgenommen werden und wer dann am schnellsten reagiert und die Glocke bedient, hat gewonnen. Man könnte gut eine „Halli Galli"-Meisterschaft durchführen.

Rezepte

Es gibt eine Fülle von Rezepten für Speisen und Getränke mit Früchten. Wir stellen euch deshalb nur einige ausgewählte Rezepte vor.

Vitamin-Drinks und andere Getränke

Melonenbowle

Zutaten: 1 große Wassermelone, 2 Liter Apfelsaft, 1 Liter Mineralwasser (mit Kohlensäure)

Melone klein schneiden und Kerne entfernen, in eine große Schüssel geben. Mit kaltem Apfelsaft übergießen und eine Stunde kalt stellen. Kurz vor dem Genuss kaltes Mineralwasser hinzugeben.

Peach-Drink (alkoholfrei)

Für ca. 8 Gläser: 1 kleine Dose Pfirsiche, 1/8 l Schlagsahne, 8 Kugeln Vanilleeis, 1 Flasche Limonade

Die Pfirsiche in kleine Würfel schneiden und in die bereitstehenden Gläser aufteilen. Jeweils etwas Saft aus der Dose, 1 Kugel Vanilleeis und 1 EL Schlagsahne dazugeben. Dann mit Limonade auffüllen.

Obstsalat

Zutaten: 1/2 Ananas, 2 Kiwis, 1 Tasse Erdbeeren, 1 Tasse Weintrauben, ggf. Orangensaft

Zubereitung: Die Ananas und Kiwis schälen und zerteilen. Die Erdbeeren waschen und das Grün entfernen. Die Weintrauben waschen. Alle Früchte vorsichtig vermischen und Orangensaft zugeben.

Bananenquark (für 10 Personen)

Zutaten: 500g Quark, 4-5 EL Zucker, 1 Päckchen Vanillezucker, Zitronensaft, evtl. etwas Milch, 5 Bananen

Die Zutaten (außer den Bananen) in einer Schüssel gut verrühren. Die Bananen pürieren (Mixer oder Stab) und mit dem Quark mischen. Erst kurz vor dem Essen zubereiten.

Kirschgelee (für 8 Personen)

Zutaten: 1 große Dose (850 ml) Sauerkirschen, 1 Päckchen roter Tortenguss

Kirschen über einer Schüssel in einem Sieb abtropfen lassen. Kirschen in Schälchen verteilen. Den aufgefangenen Saft mit dem Tortenguss entsprechend den Angaben auf dem Päckchen kochen. Den heißen Tortenguss über die Kirschen verteilen und kalt stellen. Evtl. mit Sahne verzieren.

Obstkuchen

Zutaten für ein Kuchenblech: 500 g Mehl, 1 Päckchen Trockenhefe, 60 g Zucker, 1 TL Salz, ¼ Liter lauwarme Milch, 60 g geschmolzene Margarine, 2 Eier, Obst nach Wahl

Mehl und Trockenhefe in einer Schüssel verrühren. Zucker, Salz und Eier sowie die geschmolzene Margarine darunter rühren und die lauwarme Milch zufügen, bis ein glatter Teig entsteht, der sich vom Schüsselrand löst.

Am einfachsten ist es, wenn eine Küchenmaschine mit Knethaken zur Verfügung steht. Den Hefeteig zugedeckt an einem warmen Ort gehen lassen, bis er sein Volumen verdoppelt hat (ca. 30 Minuten). Den gut gegangenen Teig auf einer bemehlten Unterlage mit dem „Nudelholz" auf die Größe des Bleches walzen und auf das gefettete oder mit Backpapier belegte Kuchenblech legen. Danach den Teig mit dem Obst belegen und im vorgeheizten Backofen backen.

Backzeit: 25-35 Min. bei 180-200 °C (Ober-/Unterhitze) / 20-25 Min. bei 170 °C (Heißluftbackofen)

Bratäpfelchen mit weißer Schokoladensauce

Zutaten für 10 Portionen: 15 kleine Äpfel, 100 g gehackte Mandeln, 6 EL Zucker, 100 g Cranberries, 75 g flüssigen Honig, 1 Vanilleschote, 150 g weiße Schokolade, 1 Liter Vollmilch

Zubereitung: Backofen auf 200 Grad (Umluft: 180 °/ Gas: Stufe 4) vorheizen. Äpfel waschen. Deckel abschneiden. Äpfel (z. B. mit einem Apfelausstecher) aushöhlen. Mandeln in einer Pfanne anrösten. Zucker hinzufügen, karamellisieren lassen. Mandelkaramell fein hacken. Äpfel mit Karamell, Cranberries und je 1 TL Honig füllen. Äpfel im Ofen ca. 20 Minuten backen. Vanilleschote der Länge nach halbieren. Vanillemark herauskratzen. Schokolade im Wasserbad schmelzen lassen. Milch aufkochen und mit dem Vanillemark zur Schokolade geben, kräftig verrühren.

Mehr Medien für Mitarbeiter